U0959908

健康对中老年就业的影响研究

周 欣 著

天津大学出版社
TIANJIN UNIVERSITY PRESS

图书在版编目（CIP）数据

健康对中老年就业的影响研究 / 周欣著. -- 天津：天津大学出版社, 2022.11

ISBN 978-7-5618-7365-6

Ⅰ. ①健… Ⅱ. ①周… Ⅲ. ①健康－影响－中年人－就业－研究－中国②健康－影响－老年人－就业－研究－中国 Ⅳ. ①D669.2

中国版本图书馆CIP数据核字(2022)第236692号

出版发行 天津大学出版社
地　　址 天津市卫津路92号天津大学内：邮编（300072）
电　　话 发行部：022-27403647
网　　址 www.tjupress.com.cn
印　　刷 北京盛通商印快线网络科技有限公司
经　　销 全国各地新华书店
开　　本 710mm×1010mm　1/16
印　　张 7.5
字　　数 122千
版　　次 2022年11月第1版
印　　次 2022年11月第1次
定　　价 22.50元

前　言

健康已经是衡量社会文明发展程度的重要指标，对社会经济发展有着重要影响。中老年人对社会经济的发展稳定有着非常重要的作用，其健康状况却长期被社会忽视。改革开放以来，我国已经发生了深刻变化，医疗健康服务水平也有了长足进步，我国公民的平均寿命也稳步增长。与此同时，计划生育政策得到了较为严格的执行。在这些因素叠加之下，我国社会提前进入老龄化阶段，并且老龄化的速度超过预期。我国的劳动力市场也从改革开放初期劳动力的无限供给向有限供给转变，并于2004年出现了刘易斯拐点，与此同时，我国的社保资金缺口问题也日趋严重。

在应对我国社会经济出现的新问题时，除了增加劳动力数量供给的“全面放开三孩”政策之外，挖掘现有劳动市场中劳动者的工作潜能也是一个重要方向。因此，本书主要探究健康对中老年人非农劳动就业的影响、健康对中老年人非农劳动时间的影响、健康对中老年人非农劳动工资率的影响。

为了研究这些问题，本书从理论基础及文献综述中归纳已有的学者研究成果，并以此进行本书理论分析框架和健康指标体系的构建。完成基础准备工作后，选取2011年、

2013年“中国健康与养老追踪”调查数据库（China Health and Retirement Longitudinal Study，CHARLS），建立计量模型，研究了健康对中老年人非农劳动就业、非农劳动时间、非农劳动工资率的影响情况。

由于本人知识及水平有限，书中错漏之处在所难免，恳请各位读者批评指正。

周欣

2021年10月

目　录

第一章 绪 论

第一节 我国劳动力供给现状

2019 年 10 月国务院下发《关于开展第七次全国人口普查的通知》，决定于 2020 年开展第七次全国人口普查。2021 年 5 月 11 日，国务院第七次全国人口普查领导小组副组长、国家统计局局长宁吉喆在发布会上表示，全国人口共 141 178 万人，与 2010 年（第六次全国人口普查数据）的 133 972 万人相比，增加 7 206 万人，增长 5.38%，年平均增长率为 0.53%，比 2000 年到 2010 年的年平均增长率 0.57% 下降 0.04%。数据表明，我国人口 10 年来继续保持低速增长态势①。

一、中国已跌入“低生育率陷阱”

1. 总和生育率低于 1.5

生育意愿低是中国面临的一个新挑战。当前，我国人口发展呈现出一些新情况新变化，人口主要矛盾由总量压力转变为结构性挑战。根据第七次全国人口普查结果，2020 年我国育龄妇女总和生育率为 1.3，已处于较低水平，实施全面二孩政策后，生育水平出现短期回升，之后逐渐下行，在低水平徘徊。当然，2020 年生育率下降与去年突如其来的新冠肺炎疫情也有一定的关系。

国际上通常认为国家总和生育率 1.5 是一条“高度敏感警戒线”，一旦一国

① 中新社. 国务院第七次全国人口普查领导小组办公室负责人接受中新社专访 [EB/OL].[2021-05-13][2021-10-12]. http://www.stats.gov.cn/tjsj/sjjd/202105/t20210513_1817436.html

总和生育率降至1.5以下，该国家就有跌入“低生育率陷阱”的可能。“低生育率陷阱”需要有两个条件：一是总和生育率降至1.5以下；二是需要持续一段时间。据测算，本次普查结果是自2010年第六次人口普查以来，我国总和生育率首次低于1.5，是否会持续低于1.5还需要进一步观察。

应该看到，低生育率已经成为全球性现象，预计未来随着经济社会发展，尤其是工业化、城镇化带来的生活方式和生育观念的转变，低生育以及由此带来的少子化、老龄化将是世界各国普遍面临的问题。

2. 中国老龄化现状

人口老龄化是当前中国面临的一大挑战。根据第七次全国人口普查数据，我国65岁及以上人口比重达到13.50%，人口老龄化程度已高于世界平均水平（65岁及以上人口占比9.3%），但低于发达国家平均水平（65岁及以上人口占比19.3%）。我国人口老龄化的主要特点有以下几个方面。

第一，老年人口规模庞大。我国60岁及以上人口有2.6亿人，其中，65岁及以上人口1.9亿人。全国有16个省份的65岁及以上人口超过了500万人，其中有6个省份的老年人口超过了1 000万人。

第二，老龄化进程明显加快。2010—2020年，60岁及以上人口比重上升了5.44%，65岁及以上人口上升了4.63%。与上个10年相比，上升幅度分别提高了2.51%和2.72%。

第三，老龄化水平城乡差异明显。从全国看，乡村60岁、65岁及以上老人的比重分别为23.81%、17.72%，比城镇分别高7.99%、6.61%。老龄化水平的城乡差异，除了经济社会原因外，与人口流动也是有密切关系的。

第四，老年人口质量不断提高。60岁及以上人口中，拥有高中及以上文化程度的有3 669万人，比2010年增加了2 085万人；高中及以上文化程度的人口比重为13.90%，比10年前提高了4.98%。10年来，我国人口预期寿命也在持续提高，2020年，80岁及以上人口有3 580万人，占总人口的比重为2.54%，比2010年增加了1 485万人，比重提高了0.98%。

人口老龄化是社会发展的重要趋势，也是今后较长一段时期我国的基本国情。人口老龄化将减少劳动力的供给数量、增加家庭养老负担和基本公共服务供给的压力。

二、劳动年龄人口减少

1.“人口红利”依旧存在

低生育率叠加人口老龄化，中国的劳动力人口资源正在减少。第七次全国人口普查数据显示，与 2010 年第六次全国人口普查相比，我国劳动年龄人口减少了 4 000 多万人。我国劳动年龄人口有以下几个特点。

第一，从总量上看，劳动年龄人口总规模仍然较大，达到 8.8 亿人，劳动力资源依然丰富，人口红利依然存在，为经济社会持续健康发展提供了重要支撑。

第二，劳动年龄人口素质显著提高。16~59 岁劳动年龄人口平均受教育年限达到了 10.75 年，比 2010 年的 9.67 年提高了 1.08 年。同时，劳动年龄人口中，高中及以上受教育程度的人口达到了 3.85 亿人，占比为 43.79%，比 2010 年提高了 12.8%。大专及以上受教育程度人口占比达到了 23.61%，也比第六次全国人口普查提高了 11.27%。

第三，随着经济社会的快速发展，医疗服务体系的覆盖面也在不断扩大，人口的身体素质也日益改善，人口的预期寿命不断延长，人口健康水平的提高也为经济社会发展提供了重要的人力资源保障。

2. 多视角观察劳动年龄人口减少现象

第一，尽管劳动年龄人口减少，但中国劳动力资源的绝对量依然较大。总体上看，我国就业压力依然不小。

第二，虽然劳动年龄人口逐步减少，但随着经济的高质量发展，对劳动者的技能要求将日益提高。提高劳动者的技能水平，解决岗位需求不匹配的结构性矛盾，将成为就业面临的主要问题。

第三，随着人口素质的提高，人口红利逐步向人才红利转变，人口资源的优势将得到有效发挥，会进一步促进经济发展方式转变、产业结构升级、全要素生产率提高，推动人口和经济社会持续协调、健康发展。

三、人口政策松动

1.“三孩”生育政策落地

2021年5月31日，中共中央政治局召开会议听取“十四五”时期积极应对人口老龄化重大政策举措汇报，审议《关于优化生育政策促进人口长期均衡发展的决定》。会议指出，进一步优化生育政策，实施一对夫妻可以生育三个子女政策及配套支持措施，有利于改善我国人口结构、落实积极应对人口老龄化国家战略、保持我国人力资源禀赋优势。会议强调，各级党委和政府要加强统筹规划、政策协调和工作落实，依法组织实施三孩生育政策，促进生育政策和相关经济社会政策配套衔接，健全重大经济社会政策人口影响评估机制。北大教授梁建章对此的解读如下。

第一，预计放开三孩对提升生育率的效果有限。从其他国家的一些数据来看，一些低生育率的国家，比如日本、韩国，如果仅仅算生三孩而不算生四孩及以上的话，一般来说，其数量只是生一孩的20%~30%。因为中国的养育成本比日本高，生育率也比日本低。所以，生三孩的人应该比日本更少，生一孩的家庭里面可能不到20%会生三孩。以此计算，一年生三孩的孩子数量大概一百多万个。但这一百多万个孩子并不是开放三孩后的增量，因为其中有很大一部分已经是“超生”了，或者说已经包含在2020年1.3的总和生育率里面了。所以，现在仅仅放开三孩带来的增量远远没有一百万，每年最多增加几十万个孩子。

第二，有很强的标志性意义。预示着生育政策从限制生育向鼓励生育的彻底逆转。相关政策表述为“提高优生优育服务水平，发展普惠托育服务体系，推进教育公平与优质教育资源供给，降低家庭教育开支。要完善生育休假与生育保险制度，加强税收、住房等支持政策……”。这些鼓励生育的政策的出台需要一定的时间，所以，未来能否提升生育率，关键要看这些鼓励生育的配套政策是不是能够落到实处。这次的三孩政策预示着生育政策的彻底转变，当然这个转变背后是对于人口是资源还是负担的观念转变。

第三，人口是资源还是负担的观念转变。官方媒体第一次提到“保持人力资源禀赋优势”，这是一个鼓舞人心的观念转变。只要不再把人口当负担，而把人口当作一种宝贵的优势资源来维护和培养，相关的鼓励生育的配套措施的落实还是比较乐观的。虽然现在中国大城市的生育成本可能是世界最高的，但是如果能够发挥出在制度和资源上的优势，还是可以解决低生育率的世界难题，维持中国的人口规模优势，使得中华民族和中华文明长盛不衰。

2. 配套措施陆续推出

2021 年 7 月 20 日，新华社发布了《中共中央 国务院关于优化生育政策促进人口长期均衡发展的决定》(以下简称《决定》)，明确“依法实施三孩生育政策”“取消社会抚养费等制约措施”。具体内容包括[①]。

第一，明确优化生育政策的核心内容。实施一对夫妻可以生育三个子女政策，并取消社会抚养费等制约措施、清理和废止相关处罚规定，配套实施积极生育支持措施，简称实施三孩生育政策及配套支持措施。

第二，三孩生育政策即时有效。在 2021 年 5 月 31 日中央政治局会议审议通过中央《决定》后、全国人大常委会审议后作出的修改人口与计划生育法的决定施行前生育三孩的，可按修改后的法律认定。

第三，实施三孩生育政策及配套支持措施，仍然是计划生育。《决定》赋予了计划生育新内涵，即实施三孩生育政策及配套支持措施，改革服务管理制度，提升家庭发展能力，推动实现适度生育水平，促进人口长期均衡发展。

第四，取消社会抚养费等制约措施。《决定》提出，取消社会抚养费等制约措施，清理和废止相关处罚规定，将入户、入学、入职等与个人生育情况全面脱钩。对之前违反法律法规规定生育三孩，已经依法作出征收决定并执行完毕的，应当予以维持；已经作出征收决定但尚未执行完毕的，已经征收部分不予退还，未征收部分不再继续征收；尚未调查或作出征收决定的，不再受理、处理。各地要做好政策衔接，加强宣传解读，稳妥有序地推动工作落实。

① 央广网. 解读《关于优化生育政策促进人口长期均衡发展的决定》[EB/OL].[2021-07-26][2021-10-12]. https://baijiahao.baidu.com/s?id=1706308870642906302&wfr=spider&for=pc

第五，建立健全人口服务体系，加强对孕妇、婴儿的照顾。做好孕前优生健康检查，做好新生儿疾病筛查。建立健全托育服务支持政策和标准规范体系，大力发展多种形式的普惠托育服务。严格落实产假、哺乳假等制度。支持有条件的地方开展父母育儿假试点，健全假期用工成本分担机制。构建新型婚育文化，弘扬中华民族传统美德，重视家庭建设，注重家庭、家教、家风，尊重生育的社会价值，提倡男女平等、适龄婚育、优生优育，鼓励夫妻共担育儿责任，破除高价彩礼等陈规陋习。

第二节　健康影响中老年人劳动待遇

一、健康水平是增加劳动力的关键

2010—2020 年 60 岁及以上人口占比上升 5.44%，65 岁及以上老龄人口占比 13.5%。老龄化加速到来，速度和规模前所未有。计划生育政策让人口政策经历了从计划到鼓励的逆转。在 2022 年成为 65 岁以上老龄人占比超过 14% 的深度老龄化社会，在 2033 年左右成为占比超过 20% 的超级老龄化社会，之后持续快速上升至 2060 年的 65 岁及以上老龄人占比约 35%。

1962—1975 年的第二次婴儿潮人口逐渐退出劳动力市场。前面享受了多大的人口红利，后面就要背负多大的老龄化负担，我国正从过去几十年的人口红利期走向人口负担期。未来养老负担、社保支出和政府债务将大幅上升，其严峻程度将会超过绝大多数人的认知。

2010—2020 年 15~59 岁人口占比下降 6.79%。中国劳动年龄人口比例及规模分别在 2010 年、2013 年见顶，人口数量红利消失，劳动力成本大幅上升，让中国世界工厂地位面临挑战，社会创新创业活力下降，导致中国经济潜在增速下行。

我国正从人口红利期转入人口负担期。人口数量红利是过去中国经济保持高速增长的一个重要因素。1978 年改革开放后，中国依靠庞大且年轻的劳动力以及与之相关的巨大统一市场，快速成长为世界第二大经济体。1962—1975年第二次婴儿潮人口是改革开放的建设主力，生产和储蓄多、消费少，导致储蓄率和投资率上升，储蓄超过投资部分产生贸易顺差，同时过剩的流动性和人均收入水平提高推动消费升级，经济潜在增速较高。

日益严重的老龄化人口结构难以实现民族伟大复兴。人口老龄化使得我国社保收支矛盾日益凸显，养老金缺口将日益扩大；随着劳动力供给总量持续萎缩，劳动力成本将日益上升，部分制造业已经开始并将继续向东南亚、印度等地迁移。

二、健康最直接影响劳动者参与状况

衡量某地区文明程度，已不再单纯考查该地区人口数量的增长速度，而开始更多地关注某地区居民的人口质量，其中健康程度是表征人口质量的重要指标之一。与此同时，学者们通常认为公民的健康状况对国家的社会经济发展有着极其重要的作用。当今世界国家之间的竞争，归根结底是人才的竞争、国民素养的竞争，国民健康状况就是其中关键的竞争点。我国在集中精力解决温饱问题以及当前社会人口结构及劳动力市场结构发生深刻变革之后，也将国民健康提升至国家战略高度。由此，我国于2016年10月发布了《“健康中国2030”规划纲要》，将国民健康定为国家发展之基，认为国民健康既是发展目的，也是发展成果的标志。

劳动者是社会可以运转的基石，持续创造着社会财富。而在劳动力市场中，青年劳动者受到的关注最多，尤其是在信息革命之后，众多青年才俊成为亿万富豪，达到了前辈未曾达到的财富高度，拥有无限可能，而劳动力市场中的中老年人却经常会被忽视。中老年人虽然身体逐渐衰老，健康程度下降，但是劳动经验丰富，通常处于社会各劳动组织中的中上层。可以说，在劳动力市场当中，青年劳动者作为富于创造的重要构成者，起到了活跃创新作用，而中老年人作为劳动力市场的主要构成者，起到了稳定支撑的作用。中老年群体是面临着“上有老、下有小”问题的夹心阶层，所承受的工作压力、生活压力是巨大的，该群体的健康需要获得更多的重视，这样能让家庭、社会更加稳定、和睦。

大多数人对中国人口的概念还停留在人口数量世界第一的时候，我国社会人口的老龄化悄然而至，并日益加重。我国60岁以上老年人口已有1.776亿，占总人口的13.26%（中国第六次人口普查，2010）。《中国人口老龄化发展趋势预测研究报告》（全国老龄化工作委员会办公室，2007）预测，中国社会将会进入不可逆的老龄化阶段，到2051年，我国老年人口将会达到4.37亿顶峰值，约为少儿人口的2倍。日益严峻的劳动力老龄化问题正给中国的社会、经济带来极大的冲击。

与社会人口迅速老龄化对应的是，我国劳动力市场已经发生了深刻变革。根据《人口与劳动绿皮书：中国人口与劳动问题报告No.16》（中国社科院人口与劳动经济研究所，2015）显示，我国劳动力市场已于2004年出现刘易斯拐点，从劳动“无限供给”进入“有限供给”阶段，且呈现出劳动力短缺不可逆趋势加重现象。劳动力短缺现象从劳动密集型企业集中的区域向其他用工企业蔓延，从城镇地区向农村地区扩散。研究报告指出，我国有些地区已出现中青年劳动力转移殆尽的现象，农业劳动已转为留守的老人和妇女主要完成，这些深刻变革是历史上的中国从未出现过的。与此同时，中国劳动力市场中经常出现的“就业难”问题，该问题更多体现为高校毕业生难以找到更加满意的工作，而传统服务业、建筑业等行业在近些年已频频出现“用工荒”。《2015年农民工检测调查报告》（国家统计局，2016）显示，青壮年农民工比重持续下降。

在应对我国劳动力市场已发生的深刻变化的思路中，除逐步放开甚至取消人口生育管制政策外，延长我国劳动力市场现有的低龄退休人员劳动参与及工作时间的政策思路，最为直接有效，将成为主要方向。我国计划今后实施的“延迟退休”方案，不仅可规避养老金收不抵支风险，也可以应对我国逐渐出现的劳动力不足的问题。由此，研究中老年人的劳动参与状况具有迫切的现实意义。而健康状况无疑是最直接影响劳动者参与状况的重要影响因素。

基于以上背景，本书引出健康对中老年人非农劳动就业、非农劳动时间及非农劳动工资率的影响。

第三节 研究意义与创新

一、理论与现实意义

1. 理论意义

本书首次系统研究了健康对中老年人非农劳动就业、非农劳动时间及非农劳动工资率的影响。现有学者的研究通常会选择健康中某一个测量要素对中老年人劳动市场中某一个侧面的影响进行研究。具体来讲，现有学者研究了“自评健康”或“生理健康”对“非农劳动就业”或“非农劳动时间”或“非农工资率”的影响，尚未有人系统地研究多维度度量健康对劳动力市场表现多维度指标的影响情况。这也是本书的创新之处。

2. 现实意义

第一，本书探究了我国中老年人在面临健康冲击时的劳动行为反应，可以为政府在“延迟退休”决策时提供参考。“延迟退休”政策需要了解的劳动力市场信息为，“劳动参与者对延迟退休的主观意愿”“劳动参与者对延迟退休的客观健康条件”，其中客观健康条件对不同劳动参与者群体的各项劳动力市场表现要素的影响，尤为重要。具体来讲，不同健康程度对不同户籍及性别的中老年人劳动参与者的非农劳动就业、非农劳动时间、非农劳动工资率的影响。

第二，本书探究哪一类健康冲击因素的影响较大，以便引起人们的注意，政策也更有针对性。人的一生会面临很多健康问题，而在不同的人生阶段，健康问题会体现在不同的健康维度上。因此，探索各个健康维度对我国中老年人劳动行为的影响，可以提醒个人及家庭防护的针对性，也使得政府相关政策更具科学性。

第三，立足于我国的现实国情，探究健康对不同群体中老年人的健康影响，可以更好地为政府决策提供参考建议。我国经济是从一个非常低的水平上快速发展起来的，在计划生育政策与卫生事业发展的双重影响下，我国社会出现了人口老龄化加速及“未富先老”的局面。因为特殊的历史及经济发展原因，我国当前的社会经济依旧存在较为明显的“二元”结构，户籍政策影响的中老年群体会呈现出区别较大的经济状况及劳动行为。本书除了区分户籍因素的影响外，还细分了性别、年龄等影响因素，尽量依据现实社会中的多维度影响因素来探索研究，使得本书的结论更具有说服力。

二、研究技术路线

本书研究内容可归结为技术路线图（图 1-1）。

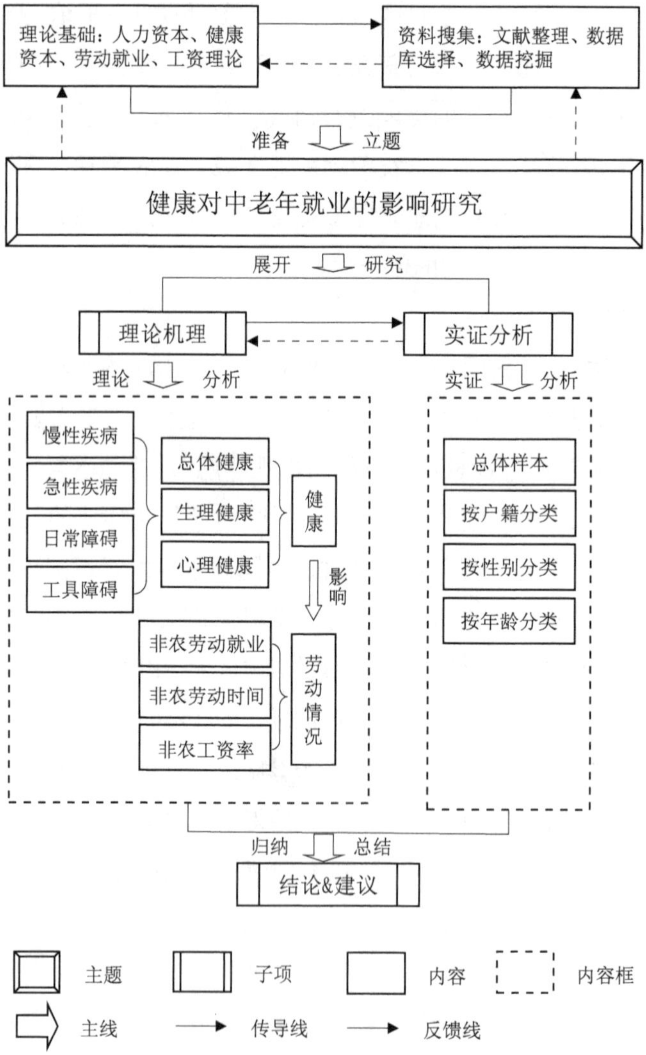

图 1-1　研究技术路线图

三、研究创新点

（1）首次尝试构建了当前常用健康指标类型于一体的健康指标体系，多层次、多维度地探究健康对非农劳动就业、非农劳动时间、非农劳动工资率的影响。由于健康指标缺乏直接可用的测度标准，经济学家们在进行测度时，一般选择某些指标，致使其研究健康对劳动力市场情况表现的结论均有一定的局限性。同能力评价的偏差一样，在健康经济学研究中，健康测度的偏差最终会导致研究结果的偏差。因而，所有的健康经济学研究首要解决的问题是健康的测度问题。本书尝试构建了更为全面系统的健康指标，包含总体健康指标、生理健康指标、心理健康指标三大类，其中总体健康指标用自评健康指标表征，生理健康指标包括慢性生理健康冲击、急性生理健康冲击、基本日常活动能力障碍、工具性日常活动能力障碍，心理健康指标采用国际上经典的心理健康抑郁量表（Center for Epidemiologic Studies Depression Scale）来衡量。

（2）首次尝试将研究群体按层次分类并进行区分研究，更为全面地研究了中老年群体特性，按照中国国情进行分层、分类。人的社会属性多样，且可以叠加分类。以前的经济学者在研究老年群体时，一般按户籍、性别、年龄当中的某一项或两项进行分类。本书选取户籍、性别、年龄 3 个特征，并根据中国的国情，在城乡户籍项下进一步按照性别分类，进而在性别下又进一步按照退休年龄来分类。

（3）首次探究了多层次健康指标对劳动市场的多维度影响。以往的经济学者一般只考查健康对非农劳动就业、非农劳动时间、非农劳动工资率当中的一项或两项，本书同时研究了健康对劳动就业、非农劳动时间、非农劳动工资率的影响，并进行了横向对比。低维度的影响研究具有一定的局限性，本书构建的多维度研究的视角使得问题研究结论的适用性更强。

第二章　理论基础与研究进展

第一节　理论基础

本章从理论基础及研究进展两部分对本书的选题进行理论阐述。理论基础主要包括健康资本类理论以及劳动市场类理论。第一大类为健康资本类，健康资本类理论包括人力资本理论、健康资本理论。第二大类为劳动市场类，它包括非农劳动就业理论和工资理论。

一、人力资本理论

人力资本理论自 1960 年由美国经济学家西奥多·舒尔茨（Theodore W. Schultz）提出以来，获得了巨大的成功，是近几十年来经济学的重大发展之一，舒尔茨本人也因此获得了 1980 年的诺贝尔经济学奖。人力资本理论在收入分配政策、公共财政、投资经济等领域有着重要影响。人力资本理论为经济学家研究劳动者技能差异原因、劳动收入差异原因、劳动者所受的教育及培训、劳动力的流动等问题提供了新的路径。

人力资本理论开辟了对生产理解的新思路，除了物质产品上的物质资本外，将着重点投向了人本身，即对生产者本身进行投资，包含普通教育、职业技术培训、卫生保健、劳动力流动四个主要方面。人力资本表现为蕴含在人本身所拥有的知识、劳动与管理技能、健康素质的存量总和。

由资本概念衍生而来的“人力资本”概念，被后来学者逐步发展扩充。早期学者并未明确列出“人力资本”的概念，不过早期学者的思想中已经包含了

“人力资本”概念前的思想概念，他们的思想及理论见表 2-1。

表 2-1　现代人力资本理论之前的相关思想及理论

代表人物	基础理论内容
古希腊 柏拉图	柏拉图在《理想国》中阐述教育与训练所蕴含的经济价值，并认为人的先天能力可以通过接受基础教育的方式来学习提高
英国 威廉·配第 1676 年	威廉·配第首次使用了人力资本的概念，在 1676 年的《政治算数》中指出，劳动者个体素质的差异性导致了劳动者所具有的劳动力也会有差异性，并论证了劳动价值理论对劳动创造的影响
英国 亚当·斯密	亚当·斯密正式论述人力资本的基本思想并奠定了人力资本理论的基本方向。在 1776 年的《国富论》中指出，教育、培训对人有着非常重要的作用，学习可以提高人在工作中的收益。将对人教育的投资看作一种资本投资，认为对于教育的投资可以提高人的收益
法国 让·巴蒂斯特·萨伊	萨伊在 1803 年的《政治经济学概论》中论述人力资本问题时提出，劳动、资本与自然力共同构成所生出来的价值
德国 弗里德里希·李斯特	李斯特在 1841 年的《政治经济学的国民体系》中提出，财富与获得财富的原因是两个完全不同的概念。如果一个人的生产力小于他所消费价值，那么他的财富将会减少。如果一个人的生产力大于他所消费的价值，那么他就会逐渐富裕起来。李斯特提出的精神资本概念涵盖了知识积累、科技发明，是与物质资本相对比的概念，并认为精神资本对国家生产力有着重要影响
英国 约翰·斯图亚特·穆勒	穆勒是早期“人力资本”的研究学者，在 1848 年的《政治经济学原理》中提出，青少年时期的家庭教育可以在未来竞争时占有优势，教育及培训可以提高人的生产效率，人力资本可显著提高国家财富
德国 约翰·杜能	杜能认为在同样的原材料、商品设备等外界条件下，教育程度更高的人可以创造更多的价值
英国 阿尔弗雷德·马歇尔	马歇尔在 1890 年的《经济学原理》中指出，人是生产问题、消费问题、分配和交换问题的中心。他将人看作生产的主要因素和唯一目标，认为知识是生产中最大的动力，社会中的知识财富价值高于物质财富价值
瑞士 瓦尔拉斯	他被认为是新古典主义体系的创始人，在阐述生产、资本等经济学原理时，首次明确使用“人力资本”概念进行阐述
奥地利 欧根·冯·庞巴维克	与前面的经济学家正好相反，庞巴维克是反对使用人力资本概念和方法的经济学家。他在 1888 年的《资本实证论》中指出，为了满足人的需求，人才将自己的劳动投入生产，并不能将劳动看作资本

在前人学者思想沉淀下，人力资本概念最终由西奥多·舒尔茨（Theodore W. Schultz）于 20 世纪 60 年代正式提出。人力资本概念不仅局限于经济学，也

在管理学、法学等方面有着广泛深刻的影响，后来学者在此概念之上进行了完善、丰富，取得了丰硕研究成果，简要理论成就见表 2-2。

表 2-2 现代人力资本理论研究成果

代表人物	基础理论内容
西奥多·舒尔茨	他是现代人力资本理论创始人，在 1960 年正式提出了人力资本投资理论，认为人是社会进步的关键因素，人力资本由知识与技能组成。人力资本并非先天和一成不变的，可以通过学校教育、职业培训、健康、个人迁徙的方式来提升。人力资本才是一个国家社会安定、经济繁荣的决定因素，而教育是提升人力资本质量的关键因素
加里·斯坦利·贝克尔	他在 1964 年《人力资本》中，从新古典经济学理论的视角阐释了人力资本概念，掀起了 20 世纪 60 年代经济学界中“经济思想上的人力资源投资革命”。贝克尔认为人力资本是通过提高健康、积累知识、接受培训等方式来投资自己，并使自己获得资本，这些资本可以使劳动者在劳动力市场竞争中获得优势地位
雅各布·明塞尔	他在 1958 年《政治经济学杂志》中发表的《人力资本与个人收入分配》的文章中构建了收入与培训之间的数学模型，并在 1974 年《学校教育、经验与收入》中进一步阐释，将人力资本与收入的关系通过简单明晰的经济学模型展示了出来。明赛尔认为年轻时的人力资本投资会在若干年后显现出其价值
爱德华·丹尼森	丹尼森将人力资本理论融入传统经济学理论，将传统生产要素的人力概念从单纯的劳动人数扩展为受教育的劳动质量上来，将技术进步对生产率提升的影响因素中的技术进步概念进一步扩展，认为教育与知识是推动技术进步、经济增长的重要因素
保罗·罗默	罗默在 1986 年将知识作为经济增长的内生变量，构建了内生经济增长模型，在新古典经济增长理论中的三要素之外加上人力资本要素；在 1990 年进一步修正经济增长模型，将公共知识、企业专利均看做内生变量，进一步凸显了人力资本和技术对经济增长的推动作用
罗伯特·卢卡斯	卢卡斯将人力资本与罗伯特·索罗（Robert Solow）的技术进步概念融合在一起，在微观考量时，将每个人的人力资本具体为“专业化”，提出了将人力资本因素内生化的经济增长理论，并认为具体专业的人力资本积累才是提高个人效率的源泉，才是经济增长的动力，其他生产要素也可以受人力资本的外部溢出效应影响而得到提高

Grossman（1991），Aghion（1992）等学者进一步证实了在内生经济增长模型中人力资本的重要地位，论证了经济增长中的人力资本的关键作用。Belton F. Leisher 等（2009）则运用中国数据论证了在不同区域经济发展中人力资本的重要性。Thomas（2011）则实证分析了在经济可持续发展中人力资本所扮演的重

要角色。总之，人力资本理论在不断扩展，延伸到经济学中更加精细的范畴，在逐步建立起来数学模型之后，进一步促进了人力资本概念在经济学中的发展。

人类社会按照生产力水平划分为原始社会、农业社会、工业社会，有些学者进一步将工业社会进行划分，认为当前社会属于信息社会。人类社会在不同的阶段，对应的经济形态也不同，大体可以分为农业经济、工业经济、知识经济等。在人类所经历的不同经济形态中，社会财富基本可以分为物质资本与人力资本，呈现出人力资本越来越重要的趋势，如图 2-1 所示。

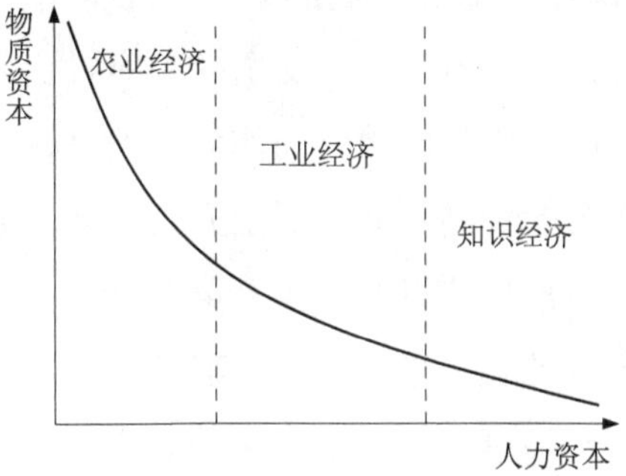

图 2-1　物质资本向人力资本转变

二、健康资本理论

健康资本理论是由人力资本理论发展独立而来。当经济学家指出人力资本在对增加个人收入及促进国家经济发展的重要作用时，也开始关注健康投资在提升个人健康水平、保障人力资本效用的作用。与学校教育、技能培训、个人迁徙不同的是，健康是保障这三者存在的前提，可以提高这三个要素的影响效用。《健康是一种投资》（Mushkin，1962）论证了健康与教育一样都是人力资本理论的重要内容。Grossman（1972）进一步提出了健康资本理论模型，认为健康的特性在于“持久性”，健康无时无刻不在发挥着重要作用，而影响健康的因素包括医疗、外界环境条件、健康投资等。

Grossman（1972）第一个提出了“健康资本”的概念，将健康资本独立于人力资本概念，认为健康是一种“耐用”的资本品。在这一概念之上，他进一步构建了关于健康需求的人力资本模型。该模型认为，健康需求同样可以由需求与供求曲线来表示，健康需求受到人的生命周期中寿命、财富的制约。健康投资的成本与不同年龄段的健康资本存量的衡量，会影响人的教育、培训等人力资本方面行为。健康资本需要投入时间来增加，健康资本增长所带来的收益是其他因素无法达到的。

在 Grossman 健康资本模型中，假设健康资本的折旧率为外生的，也就是说它与年龄的增长成正比；同时，假设在此情况下人们是能够理性地预期自己的存活年限的。所以如果健康资本存量在某一临界值以下时，人们可以暂停或取消所有市场和非市场活动，生命也即将结束。由此得出，为了对健康进行弥补，人们将继续进行健康方面的投资。保健支出的健康投资由人力资本存量和生产健康的时间共同决定。而其中的健康时间作为消费品，能够满足一系列人类享受生命的需要，同时作为投资品，又区别于人力资本，成为从事所有市场以及非市场活动的必备条件。所以它既是“消费品”，同时也是“投资品”。可以假设，对于健康投资，人越健康，那么其对于市场活动及非市场活动付出的时间就越多。假设在工资率和健康资本价格不变的非市场活动中，教育、培训等人力资本要素的增长可以显著提高生产效率，并且可以促进健康投资的增加。在健康资本模型中，假设人力资本对健康的生产函数中要素的作用一致，要素具有“中立性”，则占有人力资本越多的人，会有更高的健康需求，而其投入的生产成本，即健康支出与生产健康所花的时间却相对会减少。Cutler 等（2005）在文章中指出，即使个人的健康习惯存在差异性，每个人的健康习惯也都普遍受到个人对未来时间偏好的影响。

不过，早期经济学家只是把健康资本看作人力资本的重要组成部分，所做的实证数据分析更关注教育投资回报率及对宏观经济增长的影响，而关于健康资本的定量研究较少。原因可能是健康资本的测量问题，后期随着健康调查及测量数据的丰富等原因，经济学界在健康资本计量及实证领域涌现出了较多的研究。学者们主要集中在健康对经济增长的作用、健康对收入的影响效应等方面。

与此同时，部分经济学者为此也进行了关键性的研究。在早期研究中，针对健康对经济增长的促进作用，从作用理论以及历史经验事实等方面进行了肯定。

Barro（1996）运用面板数据，通过构建一个包含了教育资本、健康资本、物质资本的模型，实证分析了健康资本对经济增长的影响，实证结果除了证实健康资本对经济增长的促进效应之外，还发现了健康能够解释收入分配等问题。

Bloom 等（2001）采用跨国面板数据分析了健康资本对经济增长的作用，实证结果表明作为健康资本变量的预期寿命对经济增长有显著性正向影响。还有学者研究了健康对不同收入水平国家的经济增长的影响效应。Arora（2001）认为在 AK 模型下，增加资本以及提高劳动生产率可以促进经济增长，而长远来看，健康资本的投入可以提高劳动生产率。

在人力资本理论中，早期经济学家证实了教育与健康都是重要组成部分。经济学家进一步研究发现，人力资本在经济增长中的作用中，健康资本具有特殊的中介效应，即健康资本可以影响教育资本，从而影响个体收入的增加。Meltzer（1992）的研究表明，健康资本通过影响人的预期寿命，从而影响教育资本的投资回报情况；教育资本也会直接影响劳动效率，从而影响个体收入增加，进一步影响到国家经济增长。Maccin and Yang（2005）、Hoddinott and Kinsey（2003）通过实证研究表明，健康资本可以直接影响其他人力资本要素，即影响教育机会的获得、知识、认知能力等，从而影响个人收入增加。

三、劳动就业理论

劳动就业可以分为农业劳动就业与非农劳动，在世界主要国家完成工业化革命后，经济学家的主要精力放在非农劳动就业方面，因此这里所说的劳动就业理论通常就是指非农劳动就业理论。就业问题一直是经济学研究的核心问题。就业关系个人的生活保障及家庭的生活幸福，是关系社会安定、国家经济发展的重要因素。经济学家在研究劳动就业问题时，取得了一系列的理论成就，包括：凯恩斯的充分就业理论、理性预期学派就业理论、二元经济结构转变就业理论、拉力—推力理论等。

1. 凯恩斯的充分就业理论

20 世纪 30 年代初的世界经济危机造成全球范围内的经济衰退，大面积的劳动参与者失业，人们逐渐放弃了新古典学派关于市场经济中自动解决就业理论。

在此背景下，英国经济学家约翰·梅纳德·凯恩斯（John Maynard Keynes）在《就业、利息和货币通论》（*The General Theory of Employment，Interest and Money*）中阐述了充分就业无法在市场机制中自动调节实现，认为政府应介入市场经济活动，通过增加公共开支、降低利率、刺激消费等政策来实现充分就业。凯恩斯认为有效需求的缺失造成了失业问题，造成有效需求不足的原因为“流动偏好”“边际消费倾向递减效应”“资本边际效率递减”。凯恩斯的充分就业理论解答了在经济危机中人们的困惑，获得了空前成功。凯恩斯解决失业问题的方案解决了有效需求的不足，政府运用财政政策及货币政策促进劳动力的就业。凯恩斯理论稳定了西方人对自由的信念。二战后西方世界获得了经济上的巨大成功，出现了新的就业问题，米尔顿·弗里德曼（Milton Friedman）及其追随者向凯恩斯理论提出了前所未有的挑战。

2. 理性预期学派就业理论

20 世纪 70 年代，经济危机带来了失业与通胀并存的经济问题，凯恩斯充分就业理论面临严峻挑战。此时，理性预期学派质疑了凯恩斯的充分就业现象。

以罗伯特·卢卡斯（Robert E. Lucas，Jr.）为代表的理性预期学派从货币学派分化出来，认为经济运行并不受外界宏观力量的影响，而人的心理活动才是影响经济运行的关键因素。在劳动市场当中，劳动力价格可以使劳动力市场中的供需平衡，也根本不存在所谓的充分就业现象。政府的政策不能过度干涉经济活动，要尊重市场经济规律。

3. 二元经济结构转变就业理论

1945 年第二次世界大战结束，世界主要国家的社会面貌发生了质的变革。而在经济腾飞的发展中国家，出现了农业发展缓慢停滞而工业迅猛变革的情况。对于该问题的解释，英国经济学家威廉·阿瑟·刘易斯（William Arthur Lewis）在 1954 年《劳动无限供给条件下的经济发展》（*Economic Development with Unlimited Supplied of Labor*）中论证了发展中国家这种传统农业与现代工业同时并存的经济现状，并称之为“二元经济结构”。拉尼斯（G.Ranis）和费景汉（H. Fei）在刘易斯理论基础上进一步推演，得出了“拉尼斯 - 费景汉”发展模型。

“二元结构”理论认为，发展中国家存在发展不均衡，在迅速工业化的过程中出现城乡收入、城乡福利差距过大的现象，农业收益出现边际递减，而工业部门利润的持续增长造成了农村人口向工业的持续转移。当农业相对剩余劳动力转移完毕后，农业劳动的边际生产效率提高，最终两部门的收入均会增加。

根据“二元经济结构”理论，经济学家认为失业是经济发展运行中的必然产物，也无须回避失业问题。当劳动力在市场中的供给是无限的时候，此时市场中的失业可以视为结构性失业。发展中国家通常处于劳动力无限供给状态，失业问题就需要科学分析、统筹。解决该问题可以从以下三个方面来着手：第一，减少城乡之间的发展差距，避免乡村人口过度涌入城镇；第二，政府克制直接干涉市场行为，保障劳动力市场中的自由出入与正常竞争，可以为劳动者提供技术培训、职业信息传递、跨区域就业等政策来改善就业问题；第三，重视产业机构的调整，劳动力市场的就业需求与劳动者素质之间需要匹配，在提高劳动者素质的同时，鼓励高新企业的发展，促进供需平衡；第四，发展中国家劳动力市场中通常缺乏熟练劳动力，薪资一般较为低廉，政府应该重视劳动密集产业对劳动力的吸纳能力。

20 世纪 60 年代以后，发展中国家出现了新的经济问题，在城市中的失业现象越来越普遍，这是刘易斯模型、“拉尼斯 - 费景汉”模型无法解释的现象。1970 年，美国经济学家托达罗（Michacl P. Todro）进一步研究了拉尼斯模型，提出了农村劳动者向城市迁移所获得的就业概率与迁移决策行为模型，认为发展中国家的农村向城镇劳动力的迁移原因并不是城乡之间的发展差距，而是自己可以在城乡所获得的收益预期差距。与此同时，也发现在城市中同样存在二元结构，就业相对割裂的状态。

“拉尼斯 - 费景汉”将劳动力剩余概念引入模型，进而发展了刘易斯模型。“拉尼斯 - 费景汉”发展模型认为农业剩余劳动力向工业转移的前提是农业生产效率提高。剩余劳动力转移可以分为三个阶段。第一，农业劳动力无限供给阶段，此时存在农业剩余劳动力，而农业的平均收益不变，工业可以用最少的补偿工资获得农业剩余劳动力转移。第二，农业劳动力有限供给阶段，此时的农业剩余劳动力下降，农业生产效率提高，此时工业必须提高补偿工资吸引农业剩余劳动力，第一次转折点出现。第三，农业劳动力受限供给阶段，此时的农业实现现代化，农业剩余劳动力下降迅速，农业收益快速增长，农业剩余劳动力向工业转移出现受限，第二次转折点出现。

4. 拉力 - 推力理论

在人力资本理论组成要素中，包含了个人或家庭的迁移，这一因素在社会学中研究广泛，英国学者雷文斯坦（E.Ravenstien）总结出了 7 条迁移规律。在 20 世纪 50 年代，美国学者唐纳德 · 博格（D.J. Bogue）提出了“拉力 - 推力理论”，这一理论是人口学中最重要的宏观理论。

唐纳德 · 博格（D.J. Bogue）认为劳动力迁移过程中包含了积极和消极两方面的原因。在劳动力人口的“流出地”，自然资源枯竭、农业生产成本较高、农业生产效率低，劳动者会受到“推力”向外迁移。与此同时，劳动者生活的地点同样存在一定的黏性，人是有情感的，长期生活的地点会给劳动者带来安全感、熟悉感，拥有自己的亲朋好友的社交网络，这种黏性会对劳动力人口的迁移起到阻碍的作用。只有当“推力”效应大于“黏性”时，劳动者才会迁移。

同样，“流入地”有着较高的收入水平、良好的生活环境、更好的受教育机会、较好的发展机会，这都会对劳动者而言形成“拉力”，使其向内迁移。同时，陌生的流入地对于劳动者而言，具有生活压力大、生活成本高、机会不确定、家庭成员分离等消极因素，对劳动者的迁移起到了阻碍作用。只有当“拉力”效应大于阻力时，劳动者才会迁移。

迁移会对劳动者本人及其家庭带来根本性的影响，劳动者会权衡利弊之后，才会做出慎重的决定，这就是“拉力 - 推力理论”。

四、工资理论

劳动者通过劳动获得报酬，保障自己及家庭的生活，关系到社会中每一个个体，是极为重要的经济学研究课题。人们在对工资理论的研究中，从经济学、管理学、心理学、伦理学等不同学科视角进行了探索（表 2-3）。最早、影响力最大的为经济学视角，本书将经济学中较为重要的工资理论分别进行简述。

表 2-3 薪酬的不同理论视角

经济学视角	管理学视角	心理学视角	伦理学视角
生存工资理论	差别计件工资制	公平理论	平均主义
工资差异理论	战略薪酬	双因素理论	功利主义
工资基金理论	变革性薪酬	需要层次理论	正义论
边际生产率工资理论		期望理论	
谈判工资理论		强化理论	
效率工资理论			
分享工资理论			
制度学派工资理论			

注：本表改编自刘爱军编著的《薪酬管理理论与实务》(第 2 版)。

经济学家在不同的社会发展阶段给出了不同的工资理论，较为有代表性的工资理论有：①生存工资理论；②工资差异理论；③工资基金理论；④边际生产率工资理论；⑤谈判工资理论；⑥效率工资理论；⑦分享工资理论；⑧制度学派工资理论；⑨均衡价格工资理论等。

1. 生存工资理论

生存工资理论也被很多学者称为“最低工资理论”。英国在 14、15 世纪解体农奴制后，新兴的资产阶级通过圈地运动将大量农业人口迁移至城市，为英国资本主义的发展奠定了劳动力基础。17 世纪的英国处于第一次工业革命的前夕，资产阶级处于发展积蓄阶段。在此阶段，工业主要为工厂手工业，受雇佣的工人数量也较少，英国国家法律规定了工人的最高工资。当工人工资超过法律规定的最高工资时，支付工资的资本家、接受工资的工人都将受到政府处罚。英国古典政治经济学的创始人威廉·配第（William Petty）试图证明这一项法律规定的合理性，创建了生存工资理论。配第认为，工资等于劳动者生活所必需的生活资料价值，包含生存及劳动两个方面所必需的资料价值。

18 世纪中期，工厂手工业达到顶峰。此时，法国两位重农学派代表人弗朗斯瓦·魁奈（Francois Quesnay）、安·罗伯特·雅克·杜尔哥（Anne Robert Jacques Turgot）同样阐述了生存工资理论，认为工资等于维持劳动者所必需的生活资料价值，进一步得出，工资是由市场竞争来决定的。

与此同时，18 世纪的英国已经率先完成工业革命，成为工业化国家，这为英国的经济学家提供了不同的视角。亚当·斯密（Adam Smith）在《国民财富的性质和原因的研究》（*An Inquiry into the Nature and Causes of the Wealth of Nations*，1776）中指出，即使受雇的劳动者处于劣势地位，但是雇佣工资依旧有着自己的范围，一定时期内并不会突破自己的最低标准。大卫·李嘉图（David Ricardo）在《政治经济学及赋税原理》（*On the Principles of Political Economy and Taxation*，1817）有关工资论的章节中，也将劳动当作一种特殊的“商品”，认为劳动也具有商品所具有的特性，也有自然价格和市场价格之分。劳动的自然价格就是保障劳动者可以生存，保障家庭繁衍后代所必需的价格。

2. 工资差异理论

工资差异理论阐释了岗位工资制度的理论依据，即劳动者素质和劳动量不同，劳动报酬也不相同；这一理论还暗示一定的政策意义，即政府不适当的工资政策可能扭曲劳动力市场的供求关系。从理论上讲，在完全竞争的市场条件下，企业间和企业内部的工资水平应该趋于相等，因为劳动者能够自由选择工资不低于他人的职业，工资水平也会通过竞争随着雇员职业和劳动职位的转换而实现均衡。但现实的情况却并非如此，企业内部、外部的工资普遍存在着差异，这种经济现象很早就引起了经济学家的注意。工资差异理论包含职业工资差异理论、人力资本工资差异理论。

（1）职业工资差异理论是由亚当·斯密（Adam Smith）创建的。他认为，造成不同职业和雇员之间工资差异的原因主要有两大类：一类是由不同的“职业性质”造成的，另一类是由工资政策造成的。按亚当·斯密的观点，各种不同性质的职业从五个方面造成工资差异。①劳动者心理感受不同。有的职业可以令人愉快，而有的职业则使人感到厌烦。亚当·斯密写道：“所有职业中最令人生厌的莫过于死刑执行者了，按所完成的工作量来计算，其所得远远超过任何通常的行业。”②职业技能掌握难易程度不同。有的职业技能很容易学习和掌握，有的则难以掌握。③职业安全程度不同。④担负的责任不同。⑤成功的可能性不同。那些使劳动者不愉快、学习成本高、不安全、责任重大、失败风险率高的职业，要付给高工资；反之，则付给低工资，由此造成了不同职业之间的工资差异。亚当·斯密还揭示了工资政策与工资差异之间的关系，指出政府不适当的工资政策会扭曲劳动力市场上的供求关系，如限制职业间竞争、阻碍劳动力的自由流动等，这些行为都会导致不合理的工资差异。

（2）人力资本工资差异理论。20 世纪 60 年代以后人力资本理论产生和发展起来后，人力资本理论从以下三个方面解释了造成工资差异。①人力资本投资的回报和补偿。在其他因素不变的情况下，人力资本投资是造成劳动者收入差异的主要原因，不同劳动者人力资本投资不同，其文化知识和技能含量也会不同，含量低者竞争力低，工资收入也必然低于含量高者。人们在进行人力资本投资时，总是期望能在未来获取高于人力资本投资额的回报，否则，没有人愿意进行人力资本投资。②异质型人力资本劳动者的贡献大于同质型人力资本劳动者的贡献。一般而言，一个人的人力资本异质性越强，其劳动生产率和边际产品价值也越高，他应得到的工资就较高；反之，一个人的人力资本异质性越低，其劳动生产率和边际产品价值也越低，他应得到的工资就较低。工资差异正是内在人力资本属性及其价值差异的外在表现。③社会经济发展对劳动力的需求是高素质、低数量。伴随着知识经济时代的来临，在世界各国的劳动力市场上，高素质劳动者日益供不应求，相反，低素质劳动者日益供过于求。人力资本的这种供求关系决定了不同雇员的工资差异，也就是社会对异质型人力资本的需求高于对同质型人力资本的需求这一倾向，更加大了不同属性人力资本所有者的工资差异。

人力资本理论的建立，给予体力与脑力劳动者两者之间收入差距一种较为科学的解释，表明两者差距的缩小主要是个人和社会重视教育和技术培训的结果，是员工技术素质提高的表现。此外，该理论也可以用来解释雇主对雇员的在职培训行为及其培训后的工资决定问题。

3. 工资基金理论

始于 18 世纪 60 年代的工业革命（The Industrial Revolution），引发了从手工业劳动向动力机器生产的转变，这是人类劳动生产历史上的重大飞跃，英国是最早开始工业革命的国家，也是最早完成工业革命的国家。19 世纪上半叶，英国经济学家约翰·斯图亚特·穆勒和其他学者提出了工资基金理论，认为工资并不是由劳动者最低生活资料价值决定的，而是由雇主给出的工资总基金与劳动者人数之间的关系决定的。也就是说，如果雇主给出的工资总基金没有增长，或者劳动者竞争人数没有减少，工资是不可能增加的，反之亦然。穆勒在

《政治经济学原理》（*Principles of Political Economy*，1848）有关工资论的章节中指出：工资由劳动力与工资基金的比例决定。也就是说，当劳动力数量不变或减少，而工资基金增长时，劳动者的工资将会增加。

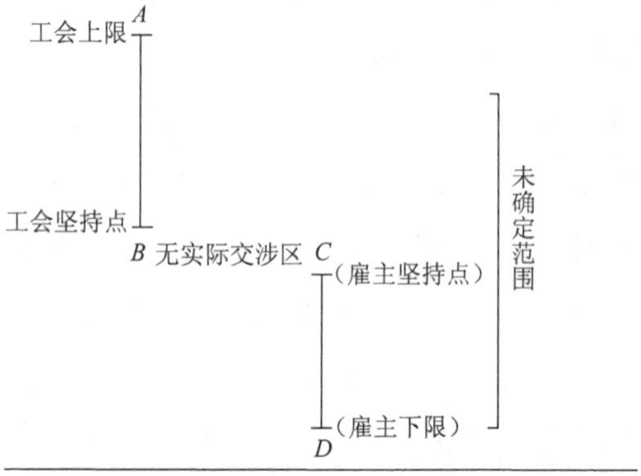

图 2-5　不能达成协议的庇古范围论图解

4. 边际生产力工资理论

19 世纪末 20 世纪初，美国经济学家约翰 · 贝茨 · 克拉克（Clark J.B.）提出了边际生产力工资理论，对长期工资决定因素的解释最被广大经济学家所认可，在对短期工资水平决定因素的解释同样被很多经济学家认可。

19 世纪 70 年代，由英国的威廉姆 · 斯坦利 · 杰文斯（William Stanley Jevons）、奥地利的门格尔（Anton Menger）和法国的瓦尔拉斯（Walras）提出了边际效用（Marginal Utility）价值论。19 世纪初，法国的让 · 巴蒂斯特 · 萨伊（Jean-Baptiste Say）提出了资本生产力利息论。克拉克将这两种理论相结合，以此作为基础来分析工资理论。边际生产力工资理论将经济形态分为动态、静态，以此作为方法论的基础。静态经济是指假设资本、人口、组织、技术、消费等因素处于静止不变的经济状态，动态经济是指假设资本、人口、组织、技术、消费等因素处于变动条件下的经济状态，可以将静态经济理解为动态经济的一个侧面。克拉克认为只有通过对静态经济进行研究，才可以理解动态经济。克拉克的静态经济假设实质是设想完全自由竞争状态下的社会，资本、人口、技术可以在不同行业之间自由流动。

克拉克的劳动边际生产力递减理论认为，在工人数量增加过程中，劳动生产力会先递增，产量会先增加，但到达顶点后，单位劳动力的产品开始降低，并且最后增加的单位工人劳动生产力最低，最后增加的那一个单位工人的劳动生产力就被称为边际生产力。因此，克拉克认为工资就取决于劳动的边际生产力，最后雇佣的那个工人所增加的产量收益就等于应该支付的工人工资。工资的决定原理如图 2-2 所示。

根据边际收入递减规律，曲线 D 为雇主对劳动力的需求，假设为完全竞争市场，则劳动力供给曲线 S 具有充分弹性，呈现水平状态。

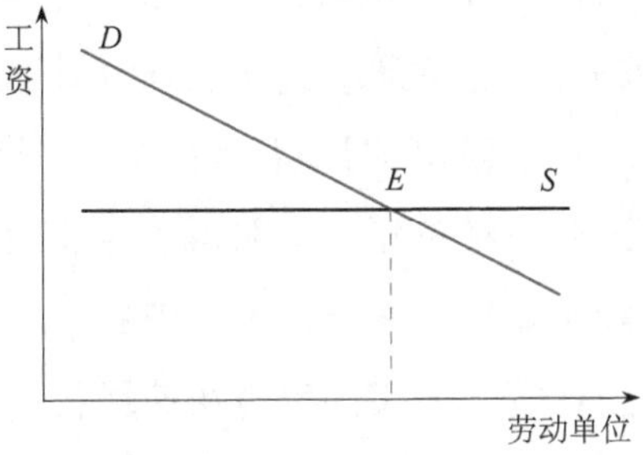

图 2-2　工资的决定

克拉克使用劳动生产率证明劳动边际生产率是工资的标准，简要过程如图 2-3 所示。

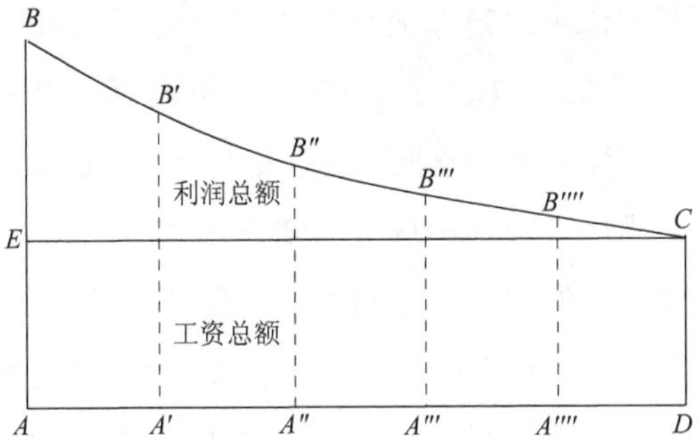

图 2-3　劳动边际生产率决定工资

假设图 2-5 中的资本量不变，其中：AB 表示第一个单位劳动的产量，$A'B'$ 表示第二个单位劳动的产量；$A''B''$ 表示第三个单位劳动的产量；$A'''B'''$ 表示第四个单位劳动的产量，……DC 表示最后一个单位劳动力所增加的产量，即劳动的边际生产率。克拉克认为工人的工资取决于 DC。因此，在总产量图 $ABCD$ 中，工资总额等于 $AECD$ 面积，利润总额等于图形 BEC 面积。

克拉克在以上分析后认为，在资本数量不变的情况下，工人人数越少则工资水平越高，工人人数越多则工资水平越低，即工资水平取决于工人人数。

5. 谈判工资理论

谈判工资理论也称集体交涉理论。始于18世纪中叶的工业革命，极大地促进了社会经济的发展，被雇佣的工人逐渐组织到一起形成了工会，工会可以与雇主方进行劳资谈判。19世纪末20世纪初，美国经济学家约翰·贝茨·克拉克、英国学者马克斯·韦伯（Max Weber）、英国经济学家阿瑟·塞西尔·庇古（Arthur Cecil Pigou，1920）等注意到工会在谈判时对工资的影响，初步形成了谈判工资理论。事实上，工会组织的日益壮大，推动了劳资谈判理论的研究。

二战后世界各主要国家在经济建设上取得了空前的成就，人类社会出现历史上少见的大发展。伴随工业化的发展，工厂中的劳动者数量猛增，劳动者所参加的工会力量在主要发达资本主义国家也快速增长，工会成员数量约占产业工人总数的1/4，工会会在工资谈判中有着极其重要的影响。因此，一些经济学家认为需要正视工会在工资谈判中的作用，探究谈判工资理论，这会比边际生产率工资理论更能阐述工资决定问题。

而当工会通过与企业主进行工资谈判来决定工人工资水平时，工会在工资决定中有着更加重要的作用，集体谈判工资理论也随之而诞生。英国经济学家约翰·希克斯（Hicks，John Richard，1932）、莫里斯·多布（Maurice Herbert Dobb）和美国经济学家爱德华·哈斯丁·张伯伦（E.H.Chamberlin）又进一步发展了谈判工资理论。谈判工资理论认为，实际工资是由劳资双方在集体谈判中力量对比决定的，当工会处于优势地位时，实际工资提高，当工会处于劣势地位时，实际工资降低，实际工资会在一个上限和一个下限之间波动。

谈判工资理论的核心观点为，劳资双方的工资谈判在短期内决定了劳动者的工资水平。而且工资具有比较效应，即劳动者会根据与自己相同或相近的行业职位的工资状况来判断自己工资的合理性。当一类工人的工资增长时，与之类似的劳动者也会寻求提升同样的工资，而不再考虑其他条件，此时代表工人利益的工会将提高薪资待遇而与资方进行谈判。

庇古在论述集体交涉决定短期工资过程时认为，当采取集体交涉的方法谈判工资率时，决定工资的因素不再是市场自由竞争。工会争取使工资为工会坚持点之上的某一点，雇主此时也会诉求工资率能够是在雇主坚持点之下的某一点，从而雇主与工会双方所希望的工资率在一个“实际交涉区”内，如图 2-4 所示。

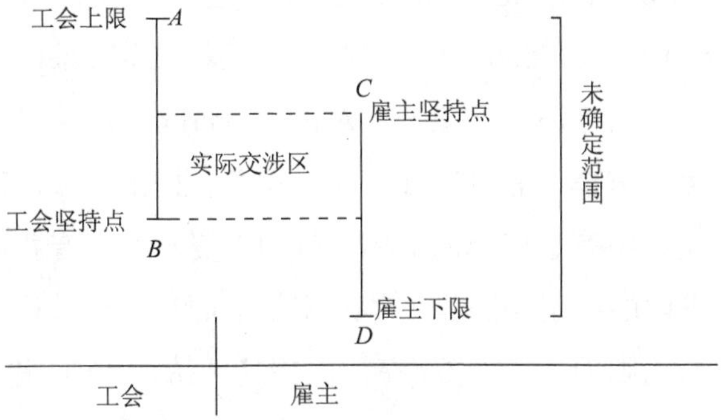

图 2-4 达成协议的庇古范围论图解

庇古所设想工会与雇主双方在实际谈判中双方对工资率谈判范围的观点为，工会认为工资率的上限为此价格以上的工资率会使公司无法继续生产，而雇主认为工资率下限为不能以此价格雇到足够数量的合格劳动力来完成生产。不在双方所设上下限之间的工资率，双方无法达成任何工资协议。

除此之外，还有一种根本无法达成协议的可能，即工会对工资率范围的诉求最小值也大于雇主所愿意提供工资的最大值，此时双方无工资率交涉区域，如图 2-5 所示。

如果劳资谈判双方中一方或双方坚持自己的工资率诉求不做妥协让步，那么谈判结果最终将无法达成。当然，在罢工或企业停止运行期间，劳资谈判双方中的一方或双方均有可能发生诉求改变，进而成为图 2-4 的情形。

在影响劳资谈判双方诉求时，会受到国家社会宏观经济状况的影响。比如，经济繁荣时期，劳动力市场中的需求旺盛，此时有利于工会的诉求，工会的诉求点上升。与此相反，如果经济萧条时期，劳动力市场中的需求萎缩不足，此时有利于雇主的诉求，工会的诉求点下降。

6. 效率工资理论

20 世纪 70 年代的资本主义经济危机以来，经济学者尝试从新的研究思路来解释及解决现实经济问题。其中有学者将管理学理论引入工资理论的研究，将工资看作提高生产率的重要方法，而不是单纯认为工资为生产率的结果，效率工资理论（Efficiency Wage Theory）由此诞生。

效率工资理论由企业管理中的实践措施升华为理论，由美国经济学家罗伯特·默顿·索洛（Robert Merton Solow）完成，之后美国的经济学家约瑟夫·斯蒂格利茨（Joseph Eugene Stiglitz）、卡尔·夏皮罗（Carl Shapiro）、劳伦斯·萨默斯和乔治·亚瑟·阿克洛夫（George Arthur Akerlof）进一步发展了效率工资理论。经济学家为了解释“非自愿性失业”现象，提出了效率工资理论。效率工资在企业管理实践中有着广泛的应用，认为工资对效率有着显著的正相关关系。懒惰、不思进取的员工会因为工作效率低下而只可以获得较低的工资，勤奋、积极进取的员工则因为工作效率高而获得较高的工资回报。员工会根据工资选择适合自己的企业，同样，企业也会根据自己所需员工的效率而给出相对等的工资报酬，员工与企业具有双向选择性。效率工资理论从理论上解释了社会现象，也促使企业认识到高工资不一定会降低利润，反而可以吸引效率更高的员工，降低高效员工离职率和工作衔接、招聘、培训等环节的成本。

效率工资理论主要观点为，工资率不再被看作生产率的决定因素，与此相反，工资率可以决定生产率。效率工资被认为是更具有竞争力的工资，通常是高于市场工资的工资。工资的提高可以提高现有员工的生产效率，也可以招聘到生产效率更高的员工。也就是说，企业降低工资不一定会增加企业利润，同样，提高员工工资也不一定会减少企业利润。这一理论突破性的认知在于，工资不仅不会削弱利润，反而可以增加利润。效率工资理论解释这一原因时认为，劳动力市场中的信息是不对称、不完善的，企业可以通过提高工资招聘到高效员工，劳动力市场中的逆向选择效应、劳动力的迁移流动效应、价值观伦理效应等都会对生产效率发生影响。

7. 分享工资理论

1973 年石油输出国组织的石油禁运带来了“第一次石油危机”，美国等主要资本主义国家经济发展出现了滞胀现象，而基于传统宏观经济学和凯恩斯需求管理视角的政策并未有效扭转经济困境，人们需要新的经济理论来解释并摆脱这一困境。

1984 年，美国经济学家马丁·L. 威茨曼（Martin Lawrence Weitzman）在

《分享经济》中提出了分享工资理论来应对经济滞胀危机。分享工资理论是从企业劳动报酬的分配制度视角带来的崭新经济学理论。分享工资理论不同于效率工资理论，不再认为工资仅是促进企业生产效率的一种激励手段，而是可以稳定宏观经济的手段。分享工资理论进一步升华为分享经济理论，是将员工工资水平与雇主利润相结合的工资理论。该理论认为将雇主利润一部分作为“分享基金”，雇主与员工根据契约满足一定条件时分享基金。利润增加，分享基金增加，雇员的工资水平提高。分享工资理论改变了传统刚性的工资制度，成为跟随利润变动的动态工资理论。

8. 制度学派工资理论

美国经济学家罗纳德·哈里·科斯（Ronald H. Coase）在 1937 年的《企业的性质》（*The Nature of the Firm*，*Economic*）中创造性提出“交易费用”，在经济学中创建制度学派以来，传统制度经济学及新制度经济学派的经济学家，给经济学带来了新的视角。新古典学派经济学家认为市场是配置工资、劳动力资源的决定性因素，制度学派经济学家认为市场并不是决定工资的决定性因素，而是外在的制度因素才是决定工资的因素。制度学派经济学家认为劳动力市场中信息不对称、不完善，呈现出二元分割的状态，并不是完全竞争状态，因此劳动力的供需并不会是决定工资的因素。除了劳动力供需因素之外，劳动者所处于的行业及职位，以及劳动者所拥有的人力资本因素，均会影响工资。

制度学派的工资理论近距离观察了复杂的世界，给出了多因素的工资决定理论。

9. 均衡价格工资理论

19 世纪末 20 世纪初，英国经济学家阿尔弗雷德·马歇尔提出了均衡价格工资理论，采用均衡分析为手段。马歇尔认为约翰·贝茨·克拉克的边际生产力工资理论的视角是片面的，仅从劳动力需求方研究了工资决定问题，未考虑从劳动力供给方对工资的影响情况。马歇尔创建的均衡工资理论从劳动力供给和需求两个维度考查了工资水平是如何决定的，得出的结论认为，劳动力的供给价格与需求价格均会影响工资水平，两者相对均衡时的价格决定了工资水平。劳动力的供给价格取决于供给者的生活最低费用，劳动力的需求价格取决于边际生产率。

在均衡价格工资理论中，不存在垄断买方和卖方的市场称为竞争性市场。市场中的劳动力需求、供给曲线如图 2-6 所示。

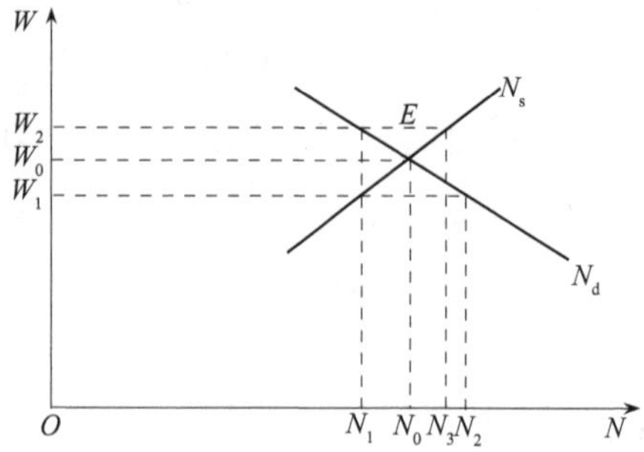

图 2-6 市场劳动力需求与供给曲线

如图 2-6 所示，纵坐标 W 表示为工资率；横坐标 N 表示为就业人数，即供给人数或需求人数。

假设市场中工资水平处于 W_1 的低工资率状态下，那么劳动力供给将无法满足劳动力的需求，出现劳动力短缺现象。此时，市场中的雇主为了得到足够合格的劳动力，需要提高工资水平以争取合格的劳动力，最终会推高该职业在劳动力市场中的整体工资水平。当工资水平提高后，除了促使更多人有意愿进入市场工作外，也会降低雇主对劳动力的需求。

假设市场中的工资水平处于 W_2 的较高工资率状态下，那么劳动力的供给量将会超过实际需求量，此时出现劳动力剩余，即失业现象。此时，雇主认为即使降低工资水平，依旧可以招聘到足够数量的合格劳动者，那些无法接受低工资的原有劳动者则将离开原有职业而进入到其他职业中。这样，最终工资率从 W_2 下降，劳动力市场中的需求与供给再次趋向均衡。

假设市场中的工资水平处于 W_0 点，那么劳动力的供给与需求量恰好相等，此时处于均衡状态。此时的工资率也称为均衡工资率，或者市场出清工资率。此时，雇主的雇佣量可以得到满足，愿意工作的人也可以找到工作。工资水平 W_0 点下，既不存在劳动力剩余现象，也没有劳动力短缺现象。

由此可见，劳动力的需求与供给相互作用，最终表现为均衡工资率和均衡就业量。

第二节　研究进展

健康对劳动力市场表现情况的研究可以从健康及劳动力两方面分别进行。本书选择健康对中老年人非农劳动就业、健康对中老年人非农劳动时间、健康对中老年人非农劳动工资率的影响这三个方面来总结已有研究成果。

一、健康对中老年人非农劳动就业的影响

在健康对中老年人非农劳动就业的影响研究方面中，国外学者进行了深入研究，取得了一系列丰富的成果。国外学者通常使用自评健康及某些生理健康指标来构建健康指标体系去研究中老年人的劳动参与情况。国内学者近年来研究健康对劳动者的就业影响，选取自评健康或某些生理健康指标，多数学者认为健康对中老年人非农劳动参与有显著性影响。

1. 国外研究现状

在国外经济学者的研究文献中，健康对劳动就业的影响已经有大量的研究，概括来说，多数文献采用自评健康作为自变量，得出结论显示自我报告的健康状况对劳动就业以及提早退休密切相关。另外，一些研究质疑了自评健康的主观特性，直接采用了客观的健康指标研究对劳动就业的影响，这些指标有死亡率、BMI（身体质量指数）、日常功能障碍指标以及客观的健康疾病。研究者通常认为这些指标往往较少受到受访者所面临的经济社会因素的影响，测量的偏误较少，并且发达国家老年人的临床检查结果也表明这个指标的可靠性。在劳动力市场中，受益于当代医疗技术的突飞猛进、物质生活的极大提高，中老年人的身体机能相对完好，未受到太大的限制，而身体机能受限主要体现在高龄老人群体中。只有身体机能基本完好的群体才会是可以选择劳动参与的群体。一些学者直接考查具体疾病对劳动力供给的影响，例如，高血压、糖尿病、高血糖等慢性病，癌症、中风、心脏病等严重疾病。一些学者在身体健康维度之外，考查了中老年人群体所受心理健康冲击时对劳动就业的影响。此时度量的

心理健康指标主要有心理疾病、抑郁程度、吸烟酗酒等过度滥用行为，研究结论大都认为心理健康状况对劳动市场行为有显著的负向影响。

由于国外数据丰富，因此国外有大量的文献细致研究健康对中老年人劳动就业的影响。Kreider（1996）运用新英格兰研究院的马萨诸塞州妇女健康研究数据，研究了健康对50~61岁居民的劳动就业影响。实证结果显示，心脏病、中风、情绪疾病、疼痛等健康冲击对中年人劳动参与的边际影响分别为-0.055，-0.124，-0.094，-0.077。Bazzoli（1985）以美国退休历史调查数据为基础，研究了提前退休对59~61岁全职就业的男性和单身女性的劳动参与状况。实证结果显示，退休前的健康指数对提前退休的影响效应为0.043，退休后的健康指数对提前退休的影响为0.148，退休前的健康指数对提前退休的影响效应为0.140，退休后的健康指数对提前退休的影响效应为0.247。Chirikos and Nestel（1984）研究了工作局限种类和数量对45~64岁中老年人的影响。实证结果显示，工作局限对中老年人的劳动就业具有显著性的影响，并且影响效应对于白人及黑人、男性和女性都有不同的效应。Anderson and Burkhauser（1984）以退休历史数据（RHS）调查数据为基础，研究了工作对58~63岁老年男性劳动就业的影响。实证结果显示，在无工作局限的情况下，工作相对不工作的概率是2.3，在有工作局限的情况下是2.1。Bound（1991）以新英格兰研究院的马萨诸塞州妇女健康研究HRS为基础，研究了健康对1969年期间正在或曾经在私营部门中受雇的58~63岁男性的影响，结果表明，与同龄人相比健康状况较差的老年男性，其劳动就业概率较低。Costa（1994）以BMI为健康的代理指标，研究了健康对50~64岁的男性白人的劳动参与状况，实证表明健康对劳动就业的边际效应为-0.208。

Dsouza（2007）等对中年员工病休的原因进行实证分析，发现工作压力以及缺乏安全感为基础的心理健康状况是造成中年员工病休的重要原因。Baldwin（1994）选择50~69岁的白人和黑人男性群体，研究了精神和身体自评健康状况以及功能局限包括感情健康问题、肥胖症、酗酒对美国50~61岁的白人和黑人的劳动就业的影响。Mitchell and Anderson（1989）研究了全职就业的50~61岁受访者，以酗酒、精神压力的精神健康状况构建了健康指数，对精神健康影响劳动者就业的情况进行了评估，研究发现劳动就业受到的精神健康指数影响的

边际系数为 -0.007。

Benham（1981）发现，若某人曾经被确诊为精神疾病，那么他的收入会减少 27%~35%，缩短工时对收入产生巨大影响说明，健康对劳动就业有巨大的影响。Ruhm（1992）选用美国的国立科学研究会的调查数据（MWHS）研究了以 CES-D 指数（Center for Epidemiologic Studies Depression Scale）为基础的精神抑郁指标对 45~57 岁女性的劳动就业情况的影响进行了分析。结果表明，当 CES-D 指数小于 8 时精神抑郁指标会使全职就业的概率增加 0.09。另外，有少数学者的研究发现，心理健康与劳动参与之间并不一定有显著性的联系，例如 Robinson（2005）研究中度抑郁症群体、非抑郁群体的劳动就业进行对比发现，两群体之间的劳动就业并没有显著不同，不过该研究证实了重度抑郁群体会显著降低劳动者的劳动就业率，甚至劳动者会因此退出劳动市场。

Anderson and Burkhauser（1984）在探究健康对劳动供给行为的影响时，基于发达国家的经验认为，健康是影响老年人继续参与劳动的重要因素。Stern（1989）的研究认为，真实健康状况会影响劳动就业很难被度量，而度量的健康水平是由真实健康状况及劳动者在市场中的地位决定的。Kerkhofs and Lindeboom（1997）在探究健康对退休行为影响时，发现健康对劳动供给有着密切关联，而且不同的健康度量指标会影响这种关联的程度。Riphahn（1999），Pelkowski and Berger（2004）在探究健康对就业影响时，基于发达国家数据实证得出，工人因健康状况不佳不大可能进入劳动力市场，除此之外，健康状况不佳还会减少工人的劳动时间和收入，健康冲击对不同性别、年龄有着差异的影响，会大幅度降低年轻劳动者的生产效率。Schultz（2006）在检验健康对老年人的劳动供给时，选用了中国台湾地区数据，选择受访者的父母健康状况以及儿童时期生活环境为工具变量，实证结论显示健康会显著影响劳动供给。Thomas and Strauss（1997）在针对巴西工人的研究中发现，改善工人健康状况可以提高低学历男性工人的收入。Thomas（2006）在研究印度尼西亚的实证中发现，改善健康状况不但可以让男性的劳动就业机会增大，而且使其小时工资率得到提高，但是对女性小时工资率并没有显著影响。

2. 国内研究现状

近几年来，我国经济学者也开始关注健康对非农劳动就业的影响，受制于我国数据库的建设，我国经济学家主要考查了劳动适龄人口的劳动情况。在考查健康对非农劳动就业影响的文献中，同国外学者选取的健康指标类似，一般选择自评健康指标或一些客观生理健康指标。大多数学者的实证结果显示健康状况对劳动参与的影响呈现显著性相关。需要说明的是，国内学者针对中老年群体的非农劳动就业研究相对较少。

曹乾、杜雯雯（2010）运用中国健康与营养调查（CHNS）2006 数据库，以自评健康为代理变量，研究了健康对城市居民非农劳动就业的影响，实证结果显示，自评健康状况显著影响了城市居民的劳动参与。崔智敏、宁泽逵（2014）采用了 2004 年的陕西农户微观调查数据，健康指标变量选取自评健康，实证结果显示，健康可以有效促进农民外出就业，而且促进效果显著。与此同时，较好的健康状况还可以削弱其他因素对农户外出就业的影响。

王建国（2011）认为自评健康状况指标在表征健康水平时存在诸多的不足之处，因此尝试构建多维度健康指标来研究对非农劳动就业的影响。实证结果显示，自评健康在解释劳动就业时并不能获得令人满意的结果，而构建多维度的健康指标则可以较为客观、有层次地解释健康对非农劳动就业的影响。最终的结论显示多维度健康指标下健康状况对非农劳动就业依旧均有显著性影响。

刘生龙（2008）使用 2006 年中国健康与营养调查（CHNS）数据库，分年龄分性别研究了健康对农村劳动力非农劳动就业的影响。实证结果表明，健康对 18~55 岁年龄组农村居民非农劳动就业的影响效应低于 55 岁以上年龄组。同时健康对男性农村居民非农劳动就业的影响效应大于女性农村居民。解堊（2011）在构建健康指标时，选取了个人自评健康和潜在生理疾病的病症指标，运用非连续时间的风险模型检验了健康对非农劳动就业的影响。选取的潜在生理疾病的病症指标包括：是否患有糖尿病、高血压等慢性病，是否患有口腔溃疡、甲状腺肿大等轻微健康疾病。得出的结论为：健康水平的高低是影响劳动者是否继续留在劳动市场中的重要因素。而且，女性比男性更容易因遭受健康冲击而退出劳动市场，农村比城镇劳动者更容易因遭受健康冲击而退出劳动市场。

少数文献研究了健康对非农劳动就业的影响。王瑜（2012），构建以自评健康为测评因素的 logit 二元选择模型，探究了农村劳动者受到健康冲击时的效应。实证显示，农村劳动者的非农劳动就业并未受到健康的显著冲击。王瑜对此结论给出两个解释：第一，自评健康因素并不是决定农村劳动者进行非农劳动时的决定性因素；第二，自评健康数据有可能并未真实反映受访者的真实健康状况。魏宁、苏群（2013）使用中国健康与营养调查（CHNS）数据和 SEM 模型探究自评健康与农村劳动者的非农劳动关系。研究结论显示，自评健康对农村劳动者非农就业在整体及分年龄组的群体中均呈现显著性影响。

魏众（2003）以 1993 年中国健康 -S 营养调查数据为基础，以因子分析提取的 6 个健康状况问题为健康指标，考虑到样本存在选择性偏误，使用 heckman 模型研究了健康对非农就业及收入的影响，实证结果显示拥有健康身体的劳动者更容易获得非农就业机会，而健康对劳动工资决定则缺乏显著的影响。而且在非农就业市场中，选择性偏误明显存在。

樊明（2002）的研究结论显示，健康状况不好的人群与健康状况良好的人群相比，健康状况较好的人群可以获得更多的就业机会。魏众（2004）选择 1993 年的中国健康与营养调查数据，第一次探究了健康对我国农村劳动者的非农劳动就业影响，研究表明，健康资本存量可以显著提高农村劳动者的非农劳动就业机会。

在前期研究的基础上，学者们逐渐将研究领域涉及了健康与中老年人劳动就业的关系上。杨志海（2015）采用中国健康与养老追踪调查（CHARLS）问卷数据，健康表征变量选取慢性疾病冲击、急性疾病冲击。研究结论显示，农村中老年人并没有因为慢性疾病健康而退出劳动力市场，但是会显著减少农业劳动时间；农村中老年人因急性疾病健康冲击而退出劳动力市场，也会显著降低劳动时间。

李琴等（2004）选用中国健康与营养调查数据，将高血压作为健康指标变量，选择钠盐为工具变量。实证结果显示，健康只对城镇中老年人的劳动就业有显著性影响，而对农村中老年人的劳动就业并没有呈现出显著性影响。刘生龙（2008）选择中国健康与营养调查数据，以自评健康为健康指标变量，探究对我国农村劳动力的劳动就业影响。实证结果显示，老年人的劳动就业受到的健康冲击影响大于对中青年人的影响，女性劳动就业受到的健康冲击影响高于男性。田艳芳（2010）选取中国健康与养老追踪调查 2008 年数据，实证结果显示健康状况对中老年人（45 岁上）的劳动就业有显著性影响。

魏众（2004）运用 1993 年中国健康与营养调查数据，选用“大小便失禁情况”和“是否有精神及心理问题”这两 个变量构建了心理健康因子，得出所选的心理健康因子对农村居民非农劳动就业没有显著性的影响。朱礼华（2013）选用心理健康量表中的抑郁指数作为心理健康指标的度量，运用 probit 模型对农村中老年人非农劳动就业进行了实证分析。其研究得出心理健康可以显著影响农村中老年人的非农劳动就业。

方涛、易润（2015）根据中国健康与养老追踪调查问卷的数据，考查了我国退休年龄后 5 年内老人的健康对非农劳动就业的影响情况。研究结果表明，健康对低龄退休老人重新进入劳动力市场的劳动决策，有着非常重要的影响。这也证明这种影响程度存在着严重的地域差别，东部较西部有着更加健全的养老体系，从而导致西部地区的低龄老人在退休后更积极地保持在劳动力市场当中。

田艳芳（2010）选取浙江、甘肃两省调研数据，考查了中老年人（45 岁及以上）健康状况对非农劳动就业的影响。实证结果显示，健康状况对非农劳动就业概率有正相关关系。学者张文娟（2010）在对 2005 年国内 1% 人口的抽样调查数据进行研究后发现，良好的健康状况提高了老年人，尤其是农村老年人及男性老年人参加劳动的可能性。学者刘生龙、李军（2012）则在 2009 年中国健康与营养调查数据的基础上进行研究，实证结果表明，可以通过提高农村老年人的健康状况，增加其非农劳动就业率，以此缓解农村老人的贫困状况。农村老年人会因健康状况每降低一个等级而使其劳动就业率下降 5.29%。

二、健康对中老年人非农劳动时间的影响

健康对中老年人非农劳动时间的影响，类似于健康对非农劳动就业的影响，国外学者根据自评健康及某些生理健康指标而构建了的健康指标体系。研究发现良好的健康状况，可以延长劳动者的工作时间。国内学者根据我国相关数据库，研究发现改善健康状况，有利于增加劳动者的工作时间。

1. 国外研究现状

国外学者在研究健康对中老年人的非农劳动时间影响方面，取得了较为丰硕的成果。国外经济学者在设置健康变量时，通常选取自评健康、客观健康特征、特定疾病、日常活动能力障碍、心理健康等变量中的一项或几项。研究结果一般为，健康对非农劳动时间有着显著性影响。在这些文献中，心理健康指标的度量内容主要有心理疾病、抑郁程度量表、吸烟酗酒等过度滥用行为，研究结论大都认为心理健康状况对劳动市场行为有显著的负向影响。

Chirikos and Nestel（1985）在研究中老年人（45~64 岁）健康对非农劳动时间的影响时，选用了 tobit 模型，实证结论表明健康对中老年人的非农劳动时间具有显著性影响。Parsons（1977）以 45~69 岁的中老年男性为研究对象，选用 OLS 模型，研究了自评健康状况对每年工时的影响。实证结果显示，不良的健康状况对于已婚老年人的影响程度为 61%，对于单身老年男性工时的影响为 84%。Doshi（2008）选用美国 1992—2002 年面板调查数据，以数据调查中的 CES-D 量表（Center for Epidemiologic Studies Depression Scale）为基础，研究了心理健康程度对 51~61 岁全体中老年人退休决策的影响。作者通过实证研究发现，抑郁程度对美国中老年群体的退休时间并没有显著性的影响。

国外研究学者很多也采用了身体功能障碍的指标（ADL 或 IADL）来表征健康水平。Strauss 等（1995）认为身体功能受限指标更为客观，而不会受到受访者经济社会因素的过多干扰，测量偏差会更小。Steward and Ware（1992）通过检验发达国家老年人的临床医学检查证实了身体功能障碍指标的可靠性。

2. 国内研究情况

国内部分学者较多的研究主要集中在健康对非农劳动时间方面，张川川（2011）探讨了健康变化对劳动供给的影响，认为健康变化对非农劳动时间的影响可以称为外部影响，实证结果显示，健康变化对于非农劳动参与时间的影响存在性别及城乡差异。健康状况变好会显著增加女性及农村居民的非农劳动时间，健康状况变差会使男性及城镇居民更有可能退出劳动力市场，建议在实施健康干预政策时，要综合考虑城乡及性别差异，实施差异化的政策。王一兵（2009）的研究采用是否患有高血压、是否患有糖尿病以及体重是否偏轻等健康指标，使用面板数据 probit 回归模型检验，实证结论显示，我国农村劳动力的非农就业中存在预防性的供给情况，可能原因为健康状况的不确定性，向农村劳动者提供医疗保险可以有效减少预防性的非农劳动时间。

秦立建等（2012）运用2003—2007年全国16个省的面板数据，考虑了模型的内生性问题，加入上一期的健康变量，解释健康对农村外出务工劳动时间的影响。实证结果显示，健康会显著降低农村劳动者的劳动时间。郭晓杰（2012）在研究健康水平对家庭时间分配影响时，运用中国健康与营养调查（CHNS）数据进行检验，实证结果表明，健康对劳动参与时间有着显著性影响，而且进一步分析发现，健康对不同性别居民的家庭时间分配有着不同的影响。秦立建等（2015）以世界银行的调查数据为基础，考虑了样本选择性偏误问题，用heckman模型实证分析了健康状况对农村居民外出劳动参与时间的影响。健康水平较低的农村劳动者与健康水平较高的劳动者相比，劳动时间减少了18.9%，一年会减少21天的劳动时间。

在健康对中老年人非农劳动时间的影响中，有的学者通过实证研究发现了健康对中老年非农劳动时间的城乡差异。例如，牟俊霖、宋湛（2012）将自评健康作为健康的代理变量，研究了其对农村中老年人非农劳动时间的影响，实证结果表明健康对农村中老年人非农劳动时间的影响效应大于对城镇中老年人劳动时间的影响效应。健康水平较低会显著减少农村中老年人的非农劳动时间，但对城镇中老年人的非农劳动时间并无显著影响。李琴等（2014）以中国健康与营养调查（CHNS）的数据为基础，研究了特定疾病——高血压对中老年人健康状况的影响，实证结果显示是否患有高血压对中老年人非农劳动时间的影响具有城乡差异。高血压显著降低了城市中老年人的非农劳动时间，而对农村中老年人的非农劳动时间并无显著性影响。有的学者根据健康的程度不同，分类探讨健康对中老年人非农劳动时间的影响。杨志海等（2015）在选择健康冲击变量时，根据健康冲击的程度不同，将健康冲击分为了慢性健康冲击、急性健康冲击，探究了健康对农村中老年人劳动时间的影响。实证结果显示，不论是慢性健康冲击还是急性健康冲击，都使得农村中老年人的农业劳动时间显著减少。

此外，也有学者仅以老年人为研究对象，分析了健康对劳动供给的影响。例如，李琴、孙良媛（2011）选择以体重超重为健康指标变量，探究了其对农村老年人农业劳动时间的影响，实证结果显示，中老年人会因为体重超重而显著减少农业劳动时间。

谭娜（2013）在探究我国农村老年人劳动时间时，选择中国健康与营养调查数据库1990、2000年数据，以身体质量指数为健康代理变量，实证结果显示，我国农村老年人的劳动时间有所减少，传统农村老人“无休止劳动”现象有所缓解，但依旧存在，需要改善农村老人养老保障机制。

学者研究结论普遍显示，健康对中老年人的劳动参与具有显著影响（庞丽华等，2003；田艳芳，2010；刘生龙、李军，2012），也有一些学者认为健康对城市中老年人的劳动供给有显著影响，而对农村中老年人的劳动供给并没有呈现出显著影响（李琴等，2014）。我国农村依旧存在老年人“无休止劳动”现象，即使在遭受健康冲击时，劳动时间并没有显著减少（谭娜、周先波，2013）。

三、健康对中老年人非农劳动工资率的影响

在健康对中老年人非农劳动工资率影响的研究方面中，国外学者主要选取有关生理健康的某些指标作为健康指标，研究发现健康对非农劳动工资率有正向影响，并且影响程度小于健康对工作时间的影响，甚至有很多学者研究发现健康对非农劳动工资率没有显著性影响。国内学者，同样选取生理健康中的某些指标作为健康指标，研究健康对非农劳动工资率的影响，多数学者得出了健康对非农劳动工资率有显著性影响作用的结论。

1. 国外研究现状

国外学者在研究健康对非农劳动工资率的影响中，取得了丰富的研究成果。国外学者通常选取的研究对象为退休前人群，研究退休后人群的较少。与研究其他健康问题相类似的，健康指标的构建依旧是国外学者重点研究的内容。一方面，健康指标的不统一为学者研究带来不便，使研究结果具有局限性，另一方面，不同健康指标的构建可以反向证明健康对劳动力影响的稳健性。学者们通常的研究结果证明，健康对非农劳动工资率的影响要小于健康对非农劳动时间的影响。比如，学者们以单身母亲为研究对象，发现控制劳动力市场后，健

康对工资率的影响可以忽略（Wolfe and Hili，1995）。学者们以美国国家纵向调查（NLS）老年男性为研究样本，发现年龄对非农劳动工资率的影响也可以忽略不计（Chirikos，T.N. and Nestel G.，1981）。学者们以白人为研究对象，发现健康状况不佳的人（有患病史）虽然相较于健康较好人的工资率低一些，但对劳动参与时间的影响更大（Chirikos T.N. and Nestel G.，1985）。

学者们以特定疾病为健康指标变量，检验对非农劳动工资率的影响，也获得了较为丰富的研究成果。Mitchell and Burkhauser（1990）采用了 1978 年《残疾和工作的调查》中估计的工时和工资的同期 tobit 模型。他们发现，关节炎对工时比工资的影响更大。这种对工时的影响转化成巨大的收入效应。Bartel and Taubman（1979）通过美国国家学术的国立科学研究会的双胞胎数据（NAS-NRC）完成了他们的早期工作，在此基础上，他们（1986）得出，精神疾病的发生会使收入减少 24%，而且这种负效应将持续到确诊后的 15 年。Benham（1981）发现，若某人曾经被确诊为精神病，那么他的收入会减少 27%~35%，这些通过缩短工时对收入产生巨大影响的发现说明，健康对劳动参与有巨大的影响。

大量实证研究证实，身高对工资报酬具有显著积极的影响（Schultz，2005；Hubler，2006；Heineck，2008）。Strauss and Thomas（1998）以《国内年轻人纵向调查》中的 27~35 岁的美国白人男性为样本，他们发现工资对于身高的弹性是 1。

Thomas and Strauss（1997）考查了健康特征变量对巴西城市劳动者工资的影响，健康特征变量包括身高、体重指数、热量和蛋白质摄入，选取了巴西城市家庭预算调查 1974—1975 年数据。实证结果显示，在低学历群体中，身高对收入影响显著，热量摄入量也会对收入有着显著正向影响；体重指数可以促进男性收入的增加，蛋白质的摄入可增加劳动者的收入。

Glick and Sahn（1998）考核非洲几内亚首都劳动力市场中的非农劳动工资效应时，选取了身高、体重指数、家庭热量和蛋白质摄入等指标，实证结论表明，身高更高的男性在收入中具有优势，女性收入则不受身高影响；私营企业中的雇员可以因体重指数的增加而收入增加。

Berkovec and Stern（1991）研究了健康对年工资对数的影响，实证结果显示健康状况不良使工资减少了 16.7%。Johnson and Lambrinos（1985）以 1972 年的美国残疾和非残疾成人调查数据（SDNA）为基础，以 20~64 岁的个人为研究对象，研究了健康指数对小时工资的影响，以残障严重程度来构建健康指数来分析，结果证实了健康指数对非残疾男性工资率的影响为 2.1%，健康指数对非残疾女性非农劳动工资率的影响为 0.7%。Haveman 等（1994）研究了健康局限对 25~64 岁白人男性的非农劳动工资率的影响，OLS 模型显示，健康局限对工资的影响为 -4.3%。

Lee（1982）通过使用基于 45~59 岁男性的美国国家纵向调查数据（NLS），建立了一个健康和工资的联立方程模型，不可观测的健康资本以两个离散指标表示。他发现健康对每小时工资有着潜在的积极明显的影响。

2. 国内研究情况

相比国外丰富的文献研究，国内研究健康对非农劳动工资率影响的文章较少，一般也是按照国外常见的健康指标的选取方式，考查健康对非农劳动工资率的影响，有的考虑我国的城乡差异性，进行地域差异性分析。曹乾、杜雯雯（2010）选择自评健康作为健康变量指标，证实了健康与就业之间有着显著正向相关性。但与就业收入不同，健康状况虽然与收入之间也存在正相关关系，但这种关系并不显著。朱礼华（2013）探究了心理健康对非农劳动工资率的影响，发现心理健康对中老年人男性非农劳动工资率有显著影响。高文书（2009）选取中国城市劳动力调查（CULS）数据，以 OLS 模型和工具变量法，考查健康对非农劳动工资率的影响，结果显示身高对非农劳动工资率有显著影响。田艳芳（2013）选择自评健康为健康指标变量，运用联立方程模型进行检验，结果证实健康对非农劳动工资率有显著性的影响。王鹏、刘国恩（2010）探究了健康对不同性别劳动者工作影响的差异，实证结果除了再次证实了健康对非农劳动工资率的显著影响外，还解释了不同性别之间的非农劳动工资率差异问题。

宁家琪（2016）选用中国综合社会调查（CGSS）数据，以身体质量指数（BMI）作为健康的代理变量，研究了健康对非农劳动工资率的影响，实证结果表明，健康状况较好的劳动者，其工资水平也较高。张车伟（2003）以不同营养状况作为健康指标变量，选取偏远农村地区数据进行实证，结果显示在较为偏远贫困的农村地区，营养摄入会影响农村劳动力的生产效率。

尹志超等（2014）以热量摄入表征健康变量，实证结果表明，热量摄入对非农劳动工资率的影响最显著，在不同的热量来源营养成分所影响的非农劳动工资率均呈现出显著相关性。因此，其研究验证了把营养作为重要因素的效率工资模型的有效性。

第三章　理论分析框架与健康指标体系构建

第一节　理论分析框架

一、劳动要素需求的推导

根据劳动经济学理论，在劳动需求市场上，完全竞争企业对劳动要素的需求可以从其利润函数里进行推导：

$$\pi(L) = P \cdot Q(L) - W \cdot L \tag{3-1}$$

根据厂商利润最大化条件可以得出：

$$\frac{\mathrm{d}(L)}{\mathrm{d}L} = P \cdot \left[\frac{\mathrm{d}Q(L)}{\mathrm{d}L}\right] - W = 0 \tag{3-2}$$

则

$$P \cdot \left[\frac{\mathrm{d}Q(L)}{\mathrm{d}L}\right] = W \tag{3-3}$$

即

$$MP \cdot P = W \tag{3-4}$$

其中，$\pi(l)$ 代表的是企业利润；L 指的是非农就业的劳动；P 是销售产品的价格；Q 为产量；W 是市场上劳动价格。则在劳动力市场上，劳动需求的原则为式（3-4），即使用劳动的边际收益（$MP \cdot P$）等于企业使用劳动的边际成本即劳动价格（W），在此表示为企业付给劳动者的工资支出。由于在该模型中，产品价格 P 为常数，因此在劳动市场上，企业需求劳动的函数关系即劳动价格 W 及劳动数量 L 之间的一个函数关系。而在本模型中，把企业需求劳动的数量用劳动工人提供的劳动时间来代替。根据 Mushkin 等学者的研究，将健康直接代入效用函数。作为投资商品，健康将决定市场活动或非市场活动可以利用的时间，并且影响生存期限。因此：

$$L = L(H) \tag{3-5}$$

$$H = H(z, r, e) \tag{3-6}$$

$$P \bullet \frac{\mathrm{d}MP}{\mathrm{d}h} \bullet \frac{\mathrm{d}H}{\mathrm{d}e} = \mathrm{d}W / \mathrm{d}e \tag{3-7}$$

式（3-5）~式（3-7）中，H 代表的是健康生产函数；z 是生产健康的各种投入；r 可以视作为生产健康而付出的时间；e 是代表健康的参数，e 上升代表健康状况提升，下降则预示着出现相应的健康问题。

由上述公式可知，健康状况下降，其劳动的边际收益将减少，则相对应的工资水平将会降低。在完全竞争的市场经济条件下，企业不会长期让劳动者的工资率高于其边际生产率。因此，企业最终会降低该劳动力的需求，劳动者也会相应减少劳动时间。健康状况不佳导致员工寻找工作的难度也加大，机会成本升高，导致其也有可能降低劳动参与的概率，甚至退出劳动力市场。

二、个人效用最大化

本书试图通过劳动闲暇模型来解释健康对中老年人非农劳动就业、参与非农劳动时间、非农劳动工资率的影响。本书假定中老年人是理性经济人，以追求效用最大化为出发点就非农劳动就业与非农劳动时间进行决策。

如图 3-1 所示，假定中老年人的初始收入水平是 CD，各种时间加总为 OC。在分配各种时间时，要考虑市场工资率，因为市场的工资率代表了决策的机会成本。家庭劳动主要指的是日常的家务劳动，包括洗衣、做饭、看护孩子等维持家庭日常活动的劳动，除了家务劳动外，中老年人还需要将时间分配至非农劳动，以获得劳动报酬，另外，除了以上劳动时间外，中老年人还需要考虑闲暇时间的影响，让以上各类时间的分配达到平衡，以实现效用最大化。初始情况，模型的均衡点为在初始状态下，中老年人实现个人效用最大化的均衡点分别为 E 点和 F 点，其中 OA 代表的是初始闲暇时间，AB

代表的是初始非农劳动时间，BC 代表的是初始家庭劳动时间，初始总产量曲线代表是 CG_3。

在初始状态下，中老年人遭遇健康冲击时，中老年人的效用决策会遇到以下一些变化，身体健康状况降低，那么将造成其参与非农劳动的边际生产效用降低，非农劳动工资率将会从原来的 W_1 变为 W_2，在非农劳动工资率变化的情况下，中老年人用于分配非农劳动时间的效用最大化的均衡点也会发生移动。该中老年人将重新分配时间，使其边际效应与下降后的市场工资率 W_2 相等。如图 3-1 所示，在新的均衡下，家庭劳动以及闲暇时间增至该中老年人将分别把闲暇时间与家庭劳动时间增加至 OA' 和 $B'C$，并缩短市场劳动时间至 $A'B'$。在特殊情形下，健康冲击甚至可能导致该中老年人实现效用最大化的新均衡点 E' 与 F' 此时重合，即市场劳动时间为零，也就是退出劳动力市场。

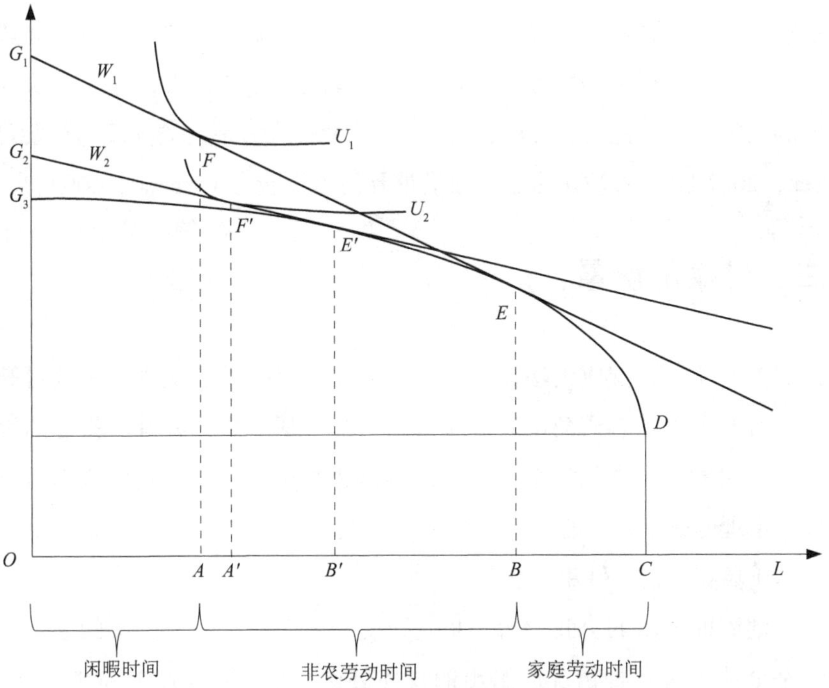

图 3-1　健康状况对非农劳动时间的影响

第二节　健康的内涵与度量

本书的研究目的是考查中老年人劳动就业中健康的影响效应，而目前学术界关于健康指标的选取有众多分歧。其原因在于：①健康本身就是相对与宏观的概念，很难用单一指标对其进行定义；②健康的度量容易受到个人主观因素的影响。因此，健康指标的构建要综合考虑，既考虑主观因素，又要考虑客观因素，本节对健康的内涵与度量进行综述。

一、健康的内涵

健康是什么？健康是指身体、精神与社会相融合的融洽状态，而不仅仅指没有疾病或者身体强壮。随着社会经济的发展，人们对健康的理解也在逐步加深。比如，从“可行能力”和“以自由看待发展”的视角中，健康被认为是一种重要的人类“可行能力”（Sen，2002）。健康被认为是人类发展的首要目标之一（Sen，2003）。健康被认为是一项最重要的可行能力（Anand，2002）。

二、健康的度量

根据前文所述，健康无法用单一指标衡量，有的学者从主观角度对健康进行分类，有的学者从客观角度对健康进行分类。根据国内外健康指标的设置及本书的研究目的，本书从三个方面来总结健康指标的度量，它们分别为自评健康指标、生理健康指标、心理健康指标三大类。

1. 基于自我评价的健康度量

自评健康即健康的自我评价，是基于受访者对自己身体健康的主观感觉及评价，是个体结合各种情况后给出的总体健康评价，可反映其总体健康状况。调查问卷一般将其分为好、比较好、一般、比较差、差这五个状态。

1）自评健康的优势

首先，自评健康可以测度基于生理特征而无法测量或无明显表征的病理因素，此时自评健康可以客观地测量个体真实健康水平，即基于生理特征的测度指标的有限及局限性，无法“客观”真实反馈未考查的健康状况。例如，如果样本个体虽然没有显著的生理疾病，但是其个体健康水平处于某一层级的亚健康水平。此时，生理特征的测度不能真实有效地反映出样本个体的真实健康水平，而自评健康却可以相对客观、准确地反馈受访个体的健康状况。其次，自评健康在数据采集时最大限度地保护被调查者的健康隐私信息，因此国外多数的文献采用自评健康为健康的代理变量（Haveman et al.，1994；Quinn，1977）。再次，自评健康数据的可获得性更强，所获得数据样本形式简单，数据不需要通过复杂的临床医学途径进行采集，获取成本较低。自评健康的数据所包含的综合信息与临床医学测量的健康状况之间已被验证有较高的关联性（Ferrao，1980）。最后，自评健康数据采集的受访者选择及调研内容设计均相对灵活，例如，受访者既可以对整体健康做出评价，也可以针对某局域健康状况做出评价。

2）自评健康的争议和不足

在很多学者认可并积极采用自评健康指标的同时，有些学者也详细指出了自评健康的不足以及可能导致的问题（Bound，1991；Newhouse et al，1993），有些学者甚至认为自评健康根本不存在有价值的信息（Myers，1982，1983）。综合已有学者的观点分析，自评健康指标的不足之处如下。首先，受制于自评健康调查问卷形式，受访者只能在“好”与“不好”选项中给出自己估计的健康情况，这种形式不可能含有表征个体的复杂健康信息及其相对客观的评价。与此同时，调查问卷问题选项并没有详细地解释对应标准，受访者在区分相近程度选项时会有不同的理解并可能做出相差较大的选择。在没有具体参考的情况下个体的理解会相差较大，受访者在同样的健康状况却做出不同的选择，而同样的选择评价代表的健康状况可能相差较大，因此这种调查无法客观反映受访者健康状况。其次，自评健康存在一定的“辩解误差”，人们会因自己提前退休退出劳动而故意夸大自己的健康不良状况，避免遭受道德上的指责。再次，自评健康受到的影响因素是多样的，包括价值观、宗教信仰、生活环境、性别年龄等。例如，Ferrao（1980）的研究表明，65~74岁的老年人会低估自己的健康状况，而76岁以上的老年人则会高估自己的健康状况，也会出现某些人为了躲避工作而故意降低自己的自评健康水平。

3）自评健康模式的实际应用

基于自评健康各种优势，近年来国内外均引入了自评健康调查。国外微观领域的健康调查均在对个体生理健康测度的基础上引入了自评健康，例如美国的健康与退休调查（HRS）、日本的老龄和退休调查（JASTAR）等。国内微观领域的健康调查，以往研究调查均从医学生理特征视角对居民健康进行测量，而现在的中国健康与养老追踪调查（CHARLS），中国居民与机构公共卫生行为跟踪调查（CBPHS）、中国老年人健康影响因素追踪调查（CLHLS）等，都引入了自评健康调查。

2. 基于生理特征的健康度量

生理健康指标主要包括患病率和工作受限、营养摄入、基本日常生活活动能力（ADL）、工具性日常生活活动能力（IADL）①、伤残率、患病率等（Lawton，1971；Deb and Braganza，1999；刘艳、丁云龙，2014）。很多生理健康指标由医学设备检测得出，具有较高的客观性，通常由医学语言来表述健康特征。

患病率指标，一般由受访者2周或4周患病情况所做的疾病记录。工作受限，一般是指被受访者因病而被迫离开工作的时间。患病率指标提供了受访者患病情况，而工作受限指标反映了损失的工作时间。通常，患病率指标与工作受限指标联合使用，可以更有效、客观地解释健康与收入之间的关系。

营养摄入的物质通常包含了蛋白质、碳水化合物等，这些营养物质对维持身体机能，保持健康水平有着极其重要的作用。除此之外，营养物质还会提供身体能量，保证人体的劳动（Besta et al.，1979；Sahn and Alderman，1988）。国外经济学者进行了开创性研究，将营养摄入指标引到健康指标体系当中，例如Hass and Brownlie（2001）利用营养摄入与健康之间的关系，尝试解释健康与工资率之间的影响关系。我国有学者将营养摄入引入健康指标表征的学术研究，代表的人物有张车伟、王引、尹志超。尹志超（2014）运用中国健康与营养调查数据（CHNS），实证发现了营养摄入对工资率有着显著影响。有些学者的实

① 有的学者在进行分类时，把ADL以及IADL归纳为自评健康，多数学者根据其对身体功能的影响及其客观性，还是把其归并在了生理特征变量里。

证发现，营养摄入对工资率没有显著性影响（Deolalkar，1988）。

基本日常生活活动能力指标与工具性日常生活活动能力指标是西方学者经常采用的健康指标代理变量。基本日常生活活动能力指标的测定问题通常包括独立吃饭、洗澡、上厕所等需要四肢协调来完成的基本日常活动。而工具性日常活动能力障碍指标的测定问题通常包括，独立购物、去银行等社会工具性活动。很多学者运用这两种指标来表征健康，研究对劳动参与和生产率影响（Lawton，1971；Deb and Braganza，1999；刘艳、丁云龙，2014）。学者的研究结论证实，基本日常生活活动能力测量相较自评健康，测量内容的含义更加具体，测量的误差也更小（Strauss et al.，1993；Michaels Oenbaum，1995；Dow et al.，1997）。

慢性疾病包括糖尿病、高血压、高脂血症等（Kalwij and Vermeulen，2008；Smith，1999；Wilson，2001）。随着人类科技进步与医疗条件的改善，慢性疾病通常可以得到一定医学治疗手段的控制，而并不会严重影响患病者的日常生活。人们通常对较严重的急性病有着较强的恐惧并投入资源进行预防，而忽视了普通慢性疾病健康冲击对自身的伤害。慢性疾病同样可以影响老年人的非农劳动就业和非农劳动时间（Smith，1999）。Bradl 等（2002）研究发现乳腺癌将会减少妇女就业机会。李琴（2013）以高血压作为健康的代理变量，指出高血压显著降低了城镇中老年人的非农劳动时间，对农村中老年的劳动时间无显著性的影响。

生理健康评价的优势。首先，相较自评健康，生理健康的测评内容更加具体，在客观设备仪器的检测下的结果更有说服力，测量误差也更小。其次，生理健康测量虽然目前只能是某一点或某一类的具体目标，但是随着科学医疗水平的提高，可以测量的生理健康内容将会更加丰富，结果也会更加准确。

生理健康评价的劣势。首先，以疾病为代表的生理特征界定并不能完全反映受访者健康水平。居民健康状况或疾病水平不能简单以“是”“否”或某一绝对水平来衡量。这主要是由医学生理特征决定的，个体健康假设受到某疾病伤害，但是并无简单、统一、有效的判断标准判断该疾病的程度等。面临如此复杂的疾病状况描述测度，现代医学技术手段只能检测疾病状态的某一个或一些维度。其次，生理健康评价检测目前只能观测受访者静态的健康状况及其数量特征。生理疾病动态发展的不确定性与测量指标的静态固化特征之间的矛盾，必然造成生理健康评价指标的局限性。再次，基本日常生活活动能力测量只能根据与身体活动密切相关的健康问题，例如：关节活动问题、呼吸通畅问题、运动协调问题（Stewart et al.，1978），而与身体活动密切相关的健康问题更多发生在病人及老年人群体当中，青少年群体鲜有以上问题。适用人群的局限性造成了基本日常生活活动能力测量的应用也受到了较大限制，工具性日常生活活动能力测量（IADL）也更适用于中老年群体的研究，存在适用人群的局限性。

3. 基于心理健康特征的健康度量

心理健康在生活中无处不在，没有明确的边界。心理健康通常来讲是指精神正常、活动正常、心理素质较好。正因为心理健康的测度主观性强、波动性强，所以很多人认为心理健康的表征指标具有较大的局限性，并不能较为真实地展现出真实状态。美国心理学家高尔顿·乌伊拉德·奥尔波特（Gordon Willard Allport）提出的心理健康指标包括：自我成长、客观认识自己、逻辑自洽的价值观、亲密的社会交往、生存技能、基础知识技能的获得。国外已有学者关注心理健康对劳动力市场的影响，选取了相应的指标，有些学者也得出了健康对劳动力市场表现的显著性影响。

而心理健康指标的选取，一直是学界困惑的问题，总结来看，国外研究主要有选用以下几类指标：一是精神系统疾病，二是酗酒、吸烟等影响情绪的事件，三是心理健康量表。

Benham（1981）发现，若某人曾经被确诊为精神疾病，那么他的收入会减少 27%~35%，这些通过缩短工时而对收入产生巨大影响的发现说明，健康对非农劳动就业有巨大的影响。Ruhm（1992）选用美国国家学术的国立科学研究会的数据（MWHS）研究了以 CES-D 指数为基础的精神抑郁指标对 45~57 岁女性的非农劳动变业情况进行了分析。我国的学者研究心理健康对劳动就业影响的学者较少，朱礼华（2013）采用 CES-D 量表，研究了心理健康对非农劳动就业及生产率及非农劳动就业及生产率的影响，同时采用 CES-D 划分了心理健康抑郁倾向，将否有抑郁健康倾向作为心理健康的代理指标进行了稳健性分析。

随着社会文明的进步，物资匮乏造成的健康问题会越来越少，此时的心理健康显得更加重要。一方面，在变革如此迅速的今天，这种快节奏的变化，需要用更为强大的心理健康状态来面对。另一方面，物质条件约束的减少是相对的，例如虽然现代人很少为温饱问题发愁，但是会因为难以改善生活条件而产生心理问题。

第三节　健康指标体系的构建

一、健康指标维度的选择

正如前文所述，健康不存在学者公认的单一度量指标，本书所研究的中老年群体的健康，同样面临此问题。中老年人群体相对中青年群体而言，其生理功能健康状况及日常生活能力均有所下降，其日常活动能力随着年龄的增长而呈现出不可逆的下降趋势，难以使用单一的指标来进行度量评价。

由世界卫生组织（WHO，1946）对健康的定义可知，健康是相对概念，是存在于不同价值体系中的相对概念，与某特定文化或价值观中的标准、期望、目标、生活方式有关，不仅包括医学生理健康，也包含了心理健康、社会功能的能力等方面。某一类健康指标维度，只能反映其相应的健康情况，单独使用某一类健康指标维度，有可能造成健康反馈失真。

本书主要研究健康对中老年群体非农劳动就业的影响，所以选择相关的健康测量维度。其包含了总体健康维度（自评健康）、生理健康维度（含慢性生理健康冲击、急性生理健康冲击、基本日常生活活动能力障碍、工具性日常生活活动能力障碍）、心理健康维度，指标包括主观指标和客观指标，全面地测量健康对中老年人非农劳动就业的影响。

二、总体健康维度

本书的总体健康维度以自评健康表征，自评健康是受访者根据自身健康状况的综合主观评价，包含了身体生理健康、日常功能、社会功能、心理健康等因素。虽然自评健康没有直接医学生理健康测量时设备仪器的客观检测诊断，但已有学者研究证明自评健康的数据所包含的综合信息与临床医学测量的健康状况之间有较高的关联性（Ferrao，1980）。

自评健康是一种主观判断的指标，其信息不仅包含了受访者个体过去及未来的健康状况，而且具有较高的有效性、可信性、稳定性。

在中国健康与养老追踪调查数据库中，在自评健康的数据采集时，通常设置的问题有："您觉得您的健康状况如何？"对此问题的选项一般为"极好""很好""好""一般"和"不好"这五类。该问答通常有两种处理方式。一种是将不同程度的选项视作连续变量来处理。另一种是将不同程度的选项合并成两类，当作布尔变量来处理，即健康或者不健康。国内外学者研究发表，这两种分类方法的研究结果类似，并且后者在处理系统复杂问题时更有利于分析解释，有利于对后续所选取的复杂多维的健康变量进行对比分析研究。因此，本书将自评健康指标设为布尔变量；将"极好""很好""好"统一看作"良好"，计作（"1"）；将"一般""不好"统一看作"不良"，计作（"0"）。需要说明的是，中国健康与养老追踪调查数据库在对自我评价的健康状况进行考量时，在健康调查问卷的初始位置以及末尾位置设置了两次健康指标的考评，将被调查者随机分为两小组，一组调查者回答初始位置的健康自我评价题目，另一组被调查者回答末尾位置的自我评价题目，根据前期学者的相关研究发现，对两组数据进行合并处理既能保证样本的整体性，研究结果也较稳健（王志涛，2016），因此本书进行了合并处理。

三、生理健康维度

本书进一步将生理健康指标分为慢性生理健康冲击、急性生理健康冲击、基本日常生活活动能力以及工具性日常生活活动能力这四类指标。需要说明的是，考虑到疾病严重程度的不同，其对于中老年人劳动市场表现也不一定相同，本书参照 Smith（1999）等学者的研究，将疾病分为慢性生理健康冲击以及急性生理健康冲击，一般来说慢性生理健康冲击是指常见的慢性病，其会影响身体的体力和健康等，而急性健康冲击是慢性病中影响较大的，较严重的。根据中国健康与养老追踪调查数据调研中关于疾病的分类，本书所说的慢性生理健康冲击具体包括：高血压、高血糖、高血脂、慢性肺部疾病、肝脏疾病、肾脏疾病、胃部疾病或消化系统疾病、关节炎或风湿病、哮喘等，本书所说的急性生理健康冲击具体包括：心脏病、癌症、中风。

日常生活活动能力是指人在平时的生活中，为了满足个人本身的衣食住行和在某区域内生活所必需的一系列基本生活能力。日常生活活动能力通常又分为基本日常生活活动能力和工具性日常生活活动能力。它们是老年人日常生活自理能力的两个维度，基本日常生活活动能力是老年人生存必需的，工具性日常生活活动能力是在基本日常生活活动能力的基础上老年独立生活所需要的。基本日常生活活动能力 的项目主要包括独立吃饭、起床、洗澡、控制大小便、上厕所等，是生活质量的基础；工具性日常生活活动能力的项目主要包括独立做家务、做饭、吃药等，是维持社会活动的基础，是生活质量的体现。基本日常生活活动能力与工具性日常生活活动能力之间存在着差别与联系。基本日常生活活动能力更为基础，一旦失去，那么工具性日常生活活动能力也就没有存在的前提条件了。基本日常生活活动能力和工具性日常生活活动能力综合在一起，可以体现出中老年人参与家庭及社会的功能。

基本日常生活活动能力与工具性日常生活活动能力量表在国内外经济学研究中有着广泛的应用，具备很好的稳定性。这是因为量表可以反映出其他指标所不能反映出的真实健康状况，比如并未出现疾病状态的老年人、肢体缺陷的劳动者等群体。国内外学者的研究结论，也证实了量表具有较高的使用价值。

中国健康与养老追踪调查（CHARLS）数据库在回答基本日常生活活动能力和工具性日常生活活动能力量表中的问题时，通常有四个选项：“没有困难”“有困难但能完成”“有困难需要帮助”“无法完成”。本书将在基本日常生活活动能力中的基本活动能力行为全部选择“没有困难”的，其 ADL 赋值为“0”，其余 ADL 赋值为“1”。同样，在 IADL 的赋值方式类似于 ADL，即选择“没有困难”的中老年人，工具性日常活动能力无障碍，赋值为 0，其余赋值为“1”。

对于中老年人来说，日常生活活动能力会随着年龄的增长而呈现出不可逆的下降趋势，其可以非常客观有效地反映出中老年人生理健康情况（Katz，

1963）。

四、心理健康维度

国外关于心理健康指标的度量类型一般包括精神系统疾病，酗酒、吸烟等影响情绪的事件（Berger，1988；Hamilton，1994），心理健康量表（Doshi，1992；Rehm，1992）。一般来说选用特定的精神疾病进行心理健康指标度量容易忽略有心理抑郁倾向的人群，同时国内学者很少有专门研究心理健康对中老年劳动供给的影响。

中国健康与养老追踪调查数据库是以心理健康量表 CES-D 来衡量心理健康指标的。心理健康量表是一个评分系统，可以测度一个人的心理健康总体水平，而精神系统疾病只能在出现病态时测量心理健康状况。基于前期学者研究基础以及数据可获得性，本书选用 CES-D 作为心理健康的代理指标。借鉴前期学者 Rehm（1992）等的研究，将这 10 个问题中表示抑郁程度最低的选项赋值为 0 分，抑郁程度的最高的选项赋值为 30 分，总共得到一个 0~30 分的量表。分值越低，说明个人的精神状态越好。本书选用得分大于等于 10 分作为心理抑郁倾向的标准，即 CES-D ≥ 10 赋值为“1”，CES-D < 10 赋值为“0”。

五、整体分析

本章从理论角度分析了健康对非农业劳动就业及非农劳动工资率的影响。

首先通过劳动需求要素市场中的企业利润最大化生产函数，以及个人在时间配置中的效用最大化理论，分析健康对中老年人非农劳动就业、非农劳动时间、非农劳动工资率的影响。

总结了健康指标的研究现状。由于健康本身没有统一或公认的测度指标体系，健康对劳动力市场影响的研究需要探究各种健康指标测度的影响情况。为此，本书根据前人的研究积累，较全面地剖析了健康测度指标的具体含义及范围。在对健康的测量进行定义。及总结国内外关于健康指标度量的研究现状后，本书构建了更为全面、系统的健康指标。健康内涵的丰富多样性造成了健康度量指标同样多维，其中主观测量指标相对容易获得，而客观指标虽然精准却又测度有限、不全面。

最后，本书构建的健康指标体系综合考虑了现有健康指标体系情况，可以全面多维度地测量健康。具体来说，分为三个方面，分别是主观自评健康指标、生理健康指标、心理健康指标。其中生理健康指标又细分为慢性生理健康冲击、急性生理健康冲击、基本日常生活活动能力以及工具性日常生活活动能力这四类指标。心理健康指标采用国际常用的测量抑郁程度的（CES）量表，考查了健康多维度指标对中老年人的非农劳动就业、非农劳动时间以及非农劳动工资率工资率的影响情况。

第四章　健康对中老年人非农劳动就业的影响

第一节　数据来源与变量选择

一、数据来源

1. 欧美数据库

在研究健康与劳动力市场关系的数据库中，国际上很多国家参与健康与退休调查（Health and Retirement Survey，HRS），建立了较为成熟的数据库，例如：美国健康与退休调查、欧洲的健康、老龄化与退休调研（Survey of Health，Aging and Retirement in Europe，SHARE），英国的老年追踪调查数据（English Longitudinal Study of Aging，ELSA），北爱尔兰老龄追踪调查（Northern Ireland Cohort Study for the Longitudinal Study of Ageing，NICOLA），爱尔兰老龄追踪调查（The Irish Longitudinal Study on Ageing，TILDA），苏格兰健康追踪调查（THSLS）。

以上数据库在建设运行的过程中相互借鉴，具有以下共同点：第一，包含了详细受访者个体社会、经济状况，又包含了和健康数据，如医学生理健康、心理健康、认知反馈健康情况等；第二，实现了数据的长期动态追踪，对受访者的回访数据进行采集；第三，受访者，包括了退休前的中年群体及退休后的老年群体；第四，数据库无偿对外公开，内容详细，包含了完整的数据指南。

正因如此，学者们在研究健康与劳动力市场关系、人口结构等方面，取得了丰硕成果。

2. 其他国家和地区数据库

其他国家和地区建立的数据库包括：日本老龄和退休调查（Japanese Study of Aging and Retirement，JSTAR）、韩国老龄追踪调查（Korean Longitudinal Study of Aging，KLoSA）、墨西哥健康与老龄化调查（Mexican Health and Aging Study，MHAS）、印度老龄追踪调查（Longitudinal Ageing Study in India，LASI）、巴西老龄追踪调查（Brazilian Longitudinal Study of Adult Health，ELSA-Brasil）、印度尼西亚家庭调查（Indonesian Family Life Survey，IFLS）等。

国外较为成熟数据库的建立为中国相关数据库的创建提供了宝贵经验，其调查问卷也具有了较高的学术研究价值。中国有关健康与劳动参与关系的数据库包括了：中国健康与养老追踪调查，中国健康与营养调查、中国综合社会调查（Chinese General Social Survey，CGSS）等。

3. 中国健康与养老追踪调查数据库

为了研究健康对中老年人非农劳动就业的影响，本书选取了中国健康与养老追踪调查作为数据库。因为该数据库的建立主要目的就是推动我国老龄问题的跨学科研究，分析我国人口老龄化问题，并为国家制定和完善相关政策提供科学研究基础。该数据库是由国家自然科学基金委资助的重大项目，并由北京大学国家发展研究院主持、北京大学中国社会科学调查中心、北京大学团委共同执行。该数据库主要采集了我国 45 岁及以上中老年人个人及其家庭的高质量微观数据，且有较为详细的健康数据指标和劳动力市场情况指标，调查采用的方法为多阶段抽样，县区层次采用的方式为 PPS。该调查组在全国 28 个省份针对 45 岁以及以上中老年群体展开关于健康、养老、劳动就业等问题的调查，CHARLS 数据库中关于健康状况、劳动就业、工资率等调研数据，是本书实证分析的原始样本数据。该调查的目的是在我国当前老龄化的背景下，提供一套高质量的老龄群体健康、工资、养老等数据。

该数据库的问卷设计参考了国际先进经验，包括美国健康与退休调查，英国老年追踪调查，欧洲健康、老年与退休调查等。该数据库质量在世界同类项目中处于前列，数据在学术界得到广泛应用和认可。本书实证部分所选择的数据为2011年和2013年的数据库。

二、变量选择

本书在研究健康对中老年人非农劳动就业的影响时，除了研究健康冲击变量之外，在实证分析模型中引入了一些控制变量，这些控制变量包括个体特征控制变量和家庭特征控制变量，具体如下。

1. 个体特征

（1）年龄。中老年人的健康水平随着年龄的增长而出现不可逆的下降趋势，年龄是影响健康状况的重要因素。一般情况下，中老年人的年龄越大健康水平也越低，非农劳动就业率越低。因此，本书预期：年龄对中老年人群体的劳动就业有负向影响。退休年龄前后，社会福利政策会带来极大的影响。因此，本书将年龄主要分为退休前和退休后两个阶段。我国当前的退休年龄是根据《国务院关于安置老弱病残干部的暂行办法》和《国务院关于工人退休、退职的暂行办法》确定的，即男性退休年龄为60周岁，女性职工退休年龄为50周岁，女性干部退休年龄为55周岁。女性样本中55周岁以上的女性人受到退休政策的影响概率比较大，因此本书将女性退休年龄设置为55岁。另外，随着年龄的增长，超过65岁的老人健康水平已经无法支撑其继续参加非农劳动，因此本书选择年龄上限为65岁。根据世界卫生组织（WHO）的定义，44岁以下为青年人，45~59岁为中年人，60岁以上为老年人。这与我国男性城镇职工退休年龄一致，为了表述方便，本书将男性和45岁至退休年龄之前的女性称为中年人，达到退休年龄的人称为老年人。

（2）性别。性别虽然会造成男女可能会有特有的某些疾病，但总体上来讲，并不会显著造成男性（或女性）的健康状况比女性（或男性）的健康状况差。性别主要会造成人们的生理及心理的较大差别，由此而衍生出不同的社会行为、社会分工。一般来讲，男性的身体更加强壮，也更适合承担重体力劳动，也更多地参与家庭外部劳动，并负责“养家糊口”。女性的身体相对男性来说柔弱，但必须强调的是，柔弱并不是不健康。女性的身体条件更加适合承担家庭内部劳动，负责“勤俭持家”，例如家庭中儿童的看护与教育、老人看护与赡养、日常家务等。随着中国经济的发展，尤其是第三产业服务业的发展，市场所提供的非农劳动就业机会越来越多，其中越来越多的工作对身体的强壮程度要求降低，对工作的仔细认真的态度要求提高，例如：家政服务、销售、电子元件的装配等，由此，越来越多的女性参与到非农劳动当中。当然，在身体生理及区域文化的影响下，女性在遭受健康冲击或退休后，更容易脱离非农劳动。因此，本书预期：男性比女性更多地参与非农劳动。

（3）户籍。除了年龄与性别这两个个体自身生理特征外，户籍也是影响个体劳动情况最重要的个体社会属性特征。户籍是社会政策赋予居民的个体特征，显然，其本身并不会直接对居民的健康产生影响。我国社会经济特殊的二元结构，将社会分为城镇和乡村两种社会形态，由此产生了不同的非农劳动就业机会的提供及劳动力的供给。我国区域经济发展水平相差较大，城镇是主要的非农劳动就业机会提供地区，很多农村地区劳动者需要离开居住地去往本地区的城镇工作，甚至去往外地较远的城镇工作。也就是说，城镇居民获得非农劳动就业机会要远大于农村居民。国家统计局发布的《2015农民工检测调查报告》显示，我国2015年农民工总量为27 747万人，其中本地农民工10 863万人，外出农民工16 884万人。需要说明的是，通常来讲，城镇居民全部参与到非农劳动当中去；而对于农村户籍居民来说，身体强壮者参与非农劳动获得较高收益，身体柔弱或健康状况不佳者会更多地投入农业劳动，在经济欠发达的农村地区，甚至出现了“男工女耕”现象。城镇与乡村不同的社会保障模式，可能会造成非农劳动参与者在到达退休年龄时就继续参加非农劳动的问题做出不同选择。

（4）受教育程度。教育、健康、培训、迁徙是人力资本学派理论中的四个组成部分，教育对非农劳动就业的影响已经被很多经济学家实证研究证明。通常情况下，非农劳动比农业劳动需要更高的知识与技能水平，教育学历可以较为真实地反映劳动者所掌握的知识与技能。因此，本书预期：受教育程度越高的居民可以获得更多的非农就业机会。在CHARLS数据库中，受访者受教育程度共分为11个等级。我国于1977年恢复高考，并于1995年颁布了《义务教育法》。本书研究的中老年群体，尤其农村地区中老年人，实际所接受的文化教育较少。本书数据中接受高中及以上教育的受访者数量较少。因此，本书将小学以下设为对照组，通过分析受教育水平在小学及以上的人，探究健康对其劳动力市场的影响情况。

（5）婚姻状况。婚姻被称为“终身大事”，对人的一生有着极其重要的影响。因为婚姻意味着新家庭的诞生，新生命的到来，将会潜移默化地影响人的行为，使人在社会中的经济行为发生变化。在家庭生活、经济压力或者主动希冀提高家庭生活质量的驱使下，已婚者相较未婚者会更主动地参与非农劳动。当然，性别对婚后参与非农劳动也可能有圈套影响。婚后男性更多参与到非农劳动中获得更高收入，而婚后女性，尤其是生育后的女性，有可能会因照顾子女而减少参与非农劳动。当配偶有着较高的收入时，女性参与非农劳动的积极性也会降低，从而她们更多地参与家庭劳动。由于本书研究的群体为中老年人，通常情况下，该群体大部分处于已婚或再婚状态，且中老年人一般很难再从自己父母那里得到经济援助，所以会主动或被动地会参与劳动。本书将被调查对象婚姻状况，分为未婚、在婚、离婚、丧偶和分居。从是否有配偶的角度，这种状况分为两类，第一类包括在婚和分居在内的婚姻状况，第二类包括未婚、离婚和丧偶在内的无婚姻状态。所以，这一变量为变量，以不在婚为参照组。

（6）医疗保险。医疗保险通常可以分为国家基本医疗保险和商业医疗保险，其中国家基本医疗保险是由国家立法强制用人单位和职工共同承担的基本医疗保险，是社会保障制度的重要组成部分。而商业医疗保险是医疗保障体系的组成部分，是由保险公司经营的、营利性的医疗保障，不具有强制性，消费者依据缴纳的保险金，在遇到重大疾病时从保险公司获得一定数额的医疗赔偿。医疗保险可以为劳动参与者提供有效直接的医疗服务保障，可以提高参保者的健康意识，并对自身疾病进行及时治疗。显然，健康的身体有助于中老年人争取非农劳动就业的机会。因此，本书预期：医疗保险对中老年人参与非农劳动有着正向影响。学者们的实证显示，参加医疗保险可以改善参保者健康水平，降低家庭医疗费用，从而提高人们的非农劳动就业率（许庆等，2013）。在医疗保险方面，CHARLS 问卷中的问题“您是否参加了以下医疗保险？”选项包括新农保、城镇职工医疗保险、商业医疗保险、城镇居民医疗保险等 9 类保险，在这 9 类保险中，有部分保险种类投保人数较少，且有些中老年人参保了不止一种保险，因此，参照臧文斌（2014）等学者的做法，本章将样本参保类别归为两类，即参加了保险和未参加任何保险。

（7）养老保险。养老保险通常分为国家基本养老保险和商业养老保险。国家基本养老保险是国家在劳动者退休年龄前收取保费，并在劳动者达到退休年龄后领取退休金的社会保险，是社会保障制度的重要组成部分。它有效地保障了老年人的基本生活需求，并为其提供稳定可靠的生活来源。而商业养老保险是在被保险人退休或保期届满时，由保险公司按合同规定支付养老金的模式。对于拥有退休金的大多数中老年人来讲，他们在退休后领取稳定的退休金，会降低其继续劳动的客观经济压力和主观意愿。而对于没有退休金福利的中老年人来讲，没有他们没有社会保障，即使到达退休年龄，只要健康状况允许，依旧会投入到非农劳动当中去，有学者也通过实证研究发现了参加养老保险对农村老年人的劳动参与具有负向影响（吴海盛，2008）。因此，本书预期：养老保险对城镇及农村居民非农劳动就业具有不同的影响。在 CHARLS 数据库中，对于养老保险的调研跟医疗保险类似，也是通过询问被调查者是否参保了以下几种养老保险，养老保险变量处理方式和医疗保险类似，即分为参保养老保险和未参保任何保险。

（8）社会交往。社会网络与新制度学、理性选择学派一同被美国社会学界认为未来最有影响力的学派。社会交往越多的人，所获得非农就业信息越多，更容易被人信任。因此，通常来讲，社会网络越发达，即社会交往越多的人，获得非农劳动工作机会的概率越大，而且其对农村居民的作用更加明显。社会网络的度量对于研究者而言是一个难题，根据所选数据库的不同，社会网络指标的度量也不同，有的学者选用“礼金”作为社会网络度量标准，常见于西南财经大学的中国家庭金融调查与研究中心主持的“中国家庭金融调查”（China Household Finance Survey，CHFS）等。另一比较常用的指标为联系的亲友数量，用来衡量社会网络指标（张爽等，2007；胡岚、陈玉宇，2012），常见于中国收入分配研究院的“中国家庭收入调查”（Chinese Household Income Project，CHIP），北京大学中国社会科学调查中心的“中国家庭追踪调查”（China Family Panel Studies，CFPS）等。而在 CHARLS 数据库中，学者们对于社会网络的指标选取方式主要是搜集过去一个月的活动参与信息。根据被访者对参与活动的统计，本章将社会交往变量设置为有参加社会交往活动和没有参加社会交往活动两类。

2. 家庭特征

（1）家庭人数。家庭人数多，造成家庭人口中劳动的供养者人数多或非劳动的待养者人数多。家庭人员构成会对家庭中中老年人参与非农劳动造成很大的影响。如果家庭中待养者人数多，那么中年人所面临的经济压力大，身体健康的老年人也会积极参与非农劳动。相反，如果家庭中劳动的供养者人数多，那么家庭中的中老年人便会面临较小的经济压力，因而减少非农劳动的参与。因此，本书预期：家庭人口对中老年人的非农劳动就业影响方向不确定。

（2）家庭未成年人数。《中华人民共和国劳动法》规定用人单位不得招用未满十六周岁的未成年人，因此不满十六周岁的未成年人只能作为家庭的待养者而不能参与非农劳动。如果家庭较为贫穷，那么家庭中的中老年人会积极地参与非农劳动。如果家庭较为富裕，那么家庭中的中老年人，尤其是家庭中的女性中老年人承担起了大部分家庭劳动及未成年人看护工作。因此，本书预期，家庭未成年人口对中老年人的非农劳动就业影响方向不确定。本书将 15 岁及以下孩童数作为变量，加入模型中。

（3）家庭收入。家庭收入是影响家庭中老年人参与非农劳动的重要影响因素。家庭收入较高的家庭，中老年人会有着较小的参与非农劳动压力，因此，本书预期，家庭收入，对中老年人的非农劳动就业有负向影响。

（4）家庭承包土地数。家庭承包土地数主要是针对农村户籍家庭来讲的，城镇居民家庭通常不进行耕种。家庭承包土地数越大，意味着所需要的农业劳动时间越多，那么家庭成员必须有人来承担这部分劳动。通常来讲，农村家庭会让青壮年外出从事非农劳动，而中老年人或女性留守，从事农业劳动。因此，本书预期，家庭承包土地数对中老年人的非农劳动参与有着负向影响。

第二节 计量模型的构建

被解释变量 y 为二元变量（取值为 1 或 0），取值“1”表示中老年人参与了非农劳动，“0”表示没有参加非农劳动。该类问题不能用传统线性回归模型来进行分析，该模型的理论基础为二元选择理论，即模型因变量为非此即彼的二元变量。

logit 模型的原理如下：

$$y_i = \begin{cases} 1 & \text{第}i\text{个中老年参与了非农劳动} \\ 0 & \text{第}i\text{个中老年人没参加非农劳动} \end{cases} \tag{4-1}$$

y_i 可以认为是随机变量 Y_i 的实现值，Y_i 取值为 1 和 0，相对应的概率分别为 p_i 和 1- p_i。Y_i 服从伯努利分布，参数为 p_i，可表示为

$$p\left[Y_i = y_i\right] = p^{y_i}(1-p_i)^{1-y_i} \quad \text{其中，} y_i = 0,1 \tag{4-2}$$

显然，若 $y_i = 1$, 则上述式子为 p_i；若 $y_i = 0$，则上述式子为 $1-p_i$。

可以证明，Y_i 的期望和方差分别为

$$E(Y_i) = \mu_i = p_i \tag{4-3}$$

$$Var(Y_i) = \sigma_i = p_i(1-p_i) \tag{4-4}$$

从上述式子可以看出期望和方差的决定因素为 p_i，因此任何影响概率的因素会同时影响观测值的均值及方差。这表明常见的线性模型无法用于分析二元变量。

模型需要进行 logit 变换，首先根据概率来定义发生比（odds）：

$$\tau_i = \frac{p_i}{1-p_i} \tag{4-5}$$

在本书中该比例表示有参加非农劳动的中老年人和没有参加非农劳动的比值。其次，取对数以计算 logit 或 log-odds：

$$\ln(\tau_i) = \ln\left(\frac{p_i}{1-p_i}\right) = \theta + \lambda X_i + \varepsilon \tag{4-6}$$

其中，X 代表上文分析的影响中老年人非农劳动就业的因素，θ 是常数项，β 是待估计的参数，ε 是随机扰动项。在该模型中对于自变量偏回归系数的解释为：自变量每改变一个单位，参与非农劳动的中老年人与没有参与非农劳动中老年的发生比的自然对数值的改变量。

第三节 实证结果与分析

一、描述性统计结果分析

本书选用2011年和2013年CHRALS数据库数据。本书将两次调查数据进行合并，保留参加了2011年的调查且参加了2013年调查的样本。在剔除极端数据和缺失数据后，进入非农劳动就业模型估计的共有16 015个观测值，其中城镇样本3 190个，农村样本12 825个，所有观测对象均为45~65岁城镇及农村居民。主要变量的统计性描述见表4-1。

表4-1 主要变量的统计性描述

变量名	全体样本	城镇	农村	变量描述	变量定义及赋值
unfarmwork	0.228	0.299	0.210	参与非农劳动	1=参与，0=不参与
selfhealth	0.500	0.438	0.515	自评健康状况	1=较差，0=较好
schronic	0.192	0.177	0.196	是否有急性生理健康冲击	1=是，0=否
wchronic	0.578	0.587	0.576	是否有慢性生理健康冲击	1=是，0=否
ADL	0.239	0.180	0.253	是否有基本日常生活活动能力	1=是，0=否
IADL	0.181	0.141	0.191	是否有工具性日常生活活动能力	1=是，0=否
CES	0.353	0.237	0.381	是否有抑郁倾向	1=是，0=否
lnland	0.922	0.190	1.104	家庭土地承包数对数	亩
people	3.956	3.525	4.062	家庭人数	人
children	0.762	0.500	0.827	家庭15岁及以下孩童数	人
lnincome	7.931	8.207	7.862	家庭收入对数	元
age	55.34	55.73	55.25	年龄	岁
marry	0.922	0.915	0.924	婚姻状况	1=已婚，0=未婚
edu	0.366	0.679	0.289	文化程度是否在小学以上	1=是，0=否
social	0.472	0.354	0.502	是否有社会交往	1=是，0=否
pension	0.482	0.397	0.503	是否有养老保险	1=是，0=否
medical	0.947	0.907	0.957	是否有医疗保险	1=是，0=否

续表

变量名	全体样本	城镇	农村	变量描述	变量定义及赋值
gender	0.460	0.486	0.454	性别	1= 男性，0= 女性
hukou	0.199	—	—	户籍	1= 城镇，0= 农村

（1）主要变量描述性统计分析。城镇中老年人参与非农劳动的均值为0.299，大于农村的0.210。相比来说，城镇居民的非农劳动就业机会还是较多，较大年龄的农村中老年人，可能不会外出从事非农劳动，直接在农村从事农业劳动。另外，需要说明的是，农村中老年人其获得非农劳动就业的机会也较少。从所有健康指标的统计性描述中可以看出，除城镇中老年人遭受的慢性生理健康冲击和农村类似外，其余的健康指标，包括自评健康、急性生理健康冲击、慢性生理健康冲击、基本日常生活活动能力障碍、工具性日常生活活动能力障碍都反映出农村中老年人的健康状况较差。

（2）家庭特征。农村居民家庭承包土地数多于城镇家庭承包土地数①，农村家庭人口平均数、家庭15岁及以下孩童平均数都大于城镇家庭。城镇居民平均收入水平高于农村居民。以上结果符合人们通常的认知情况。

（3）个人特征。①全体样本中平均年龄55.34岁，其中城镇居民样本平均年龄55.73岁，农村居民样本平均年龄55.25岁，城镇居民比农村居民的平均年龄高0.48岁；②已婚在全体样本中的占比为92.2%，其中城镇居民样本已婚占比为91.5%，农村居民已婚样本占比92.4%，城镇居民比农村居民已婚占比略低0.9%，同时城镇及农村中老年人的婚姻状态也符合前期的预期，基本上，中老年人的婚姻状态大多为已婚；③小学教育背景及以上的中老年人在全体样本中占36.6%，其中城镇居民样本占67.9%，农村居民样本占28.9%，城镇居民比农村居民所受小学教育背景及以上占比高39%，农村居民受教育程度大幅度落后于城镇居民；④男性在全体样本中占46.0%，在城镇居民样本中占48.6%，在农村居民样本中占45.4%，男女比例在总体样本中基本持平，在城镇及农村样本中比例相近。

综上，在劳动力市场中，城镇居民的非农劳动就业率高于农村居民。在中老年人健康情况方面，城镇居民仅在慢性疾病生理健康冲击维度略高于农村居

① 城镇居民通常不承包土地，因此本书中城镇家庭土地承包数为城镇家庭租赁土地数。

民，其他各项健康维度均优于农村居民。从中老年人的个人特征来看，城镇居民的受教育程度远高于农村居民。从中老年人的家庭特征来看，城镇居民收入高于农村居民，但是需要注意的是，不论农村居民还是城镇居民，其家庭人数均偏低，且城镇家庭人数低于农村家庭人数，这在15岁及以下孩童数方面表现得尤为明显。该统计结果印证了我国人口状况已经到了拐点，如果放开“二孩”“三孩”政策效果不明显，需要尽快考虑废除人口生育限制政策，甚至需要鼓励我国公民的人口生育行为。

二、总体及分户籍样本结果分析

发端于1950年的中国户籍制度经过几次变迁，依旧在中国的社会经济中有着重要作用。改革开放之后，我国经济快速增长，中国社会发生了翻天覆地的变化。在此过程中，农村剩余劳动力开始大规模地在城镇寻找非农劳动就业机会，从而形成了我国特有的“二元经济”结构。通常来讲，学者在研究中国的劳动经济问题时，一般都会考虑城镇与乡村的区别，本书也不例外。

本章研究的是健康对中老年人非农劳动就业影响，随着生物医学技术的发展，人类的平均寿命一直在逐步提高。当人类年龄在65岁以上时身体机能已经出现质的衰弱，一般不再参与具体的劳动。结合国内外相关学者的研究，本书将劳动者的年龄限定在65岁以下，本书研究的群体为中老年人，因此最终本书将年龄设置在45~65岁。总体及分户籍样本的回归结果见表4-2。

表4-2 （总体及分户籍的回归结果

变量名	全体样本	城镇	农村
selfhealth	−0.056***	−0.034**	−0.056***
	（0.006）	（0.015）	（0.007）
schronic	−0.082***	−0.052**	−0.107***
	（0.010）	（0.021）	（0.012）
wchronic	−0.045***	−0.055***	−0.045***
	（0.006）	（0.015）	（0.007）

续表

变量名	全体样本	城镇	农村
ADL	−0.059***	−0.039**	−0.091***
	(0.009)	(0.019)	(0.011)
IADL	−0.131***	−0.110***	−0.125***
	(0.012)	(0.026)	(0.013)
CES	−0.056***	−0.047**	−0.057***
	(0.007)	(0.019)	(0.008)
lnland	−0.022***	−0.009	−0.023***
	(0.004)	(0.013)	(0.004)
children	−0.019***	−0.060***	−0.015***
	(0.005)	(0.016)	(0.005)
lnincome	−0.001	−0.006***	0.003***
	(0.001)	(0.002)	(0.001)
age	−0.011***	−0.021***	−0.006***
	(0.001)	(0.001)	(0.001)
edu	0.036***	0.069***	0.029***
	(0.007)	(0.017)	(0.007)
social	0.008	−0.022	0.012*
	(0.006)	(0.015)	(0.007)
medical	0.029***	0.048***	0.024***
	(0.006)	(0.015)	(0.007)
gender	0.156***	0.198***	0.141***
	(0.006)	(0.014)	(0.007)
hukou	0.039***		
	(0.008)		
区域因素	控制	控制	控制
N	16015	3190	12825

注：括号内的数值为标准误；*、** 和 *** 分别表示估计值在 10%、5% 和 1% 水平下显著；限于排版整齐原因，本报告删除了部分没有统计性意义的变量结果。

1. 自评健康状况对中老年人的非农劳动就业的影响

（1）如表 4-2 所示，在总体样本及分户籍样本中，自评健康状况对中老年人的非农劳动就业具有显著负向影响。自评健康状况较差的中老年人参与非农劳动概率较自评健康状况较好的中老年人低 5.6%。

（2）从分户籍的回归结果来看，自评健康状况对于城镇及农村中老年人非农就业都有显著性的影响，且对于农村中老年人的影响更为显著，从边际效应结果具体来看，自评健康状况较差的城镇中老年人的非农劳动就业概率比自评健康状况较好的中老年人低 3.4%，而农村中的中老年人的非农劳动就业较处评健康状况较好的中老年人低 5.6%。可见健康会对中老年人的非农劳动就业呈现显著性的影响，健康程度越高的中老年人，更具备条件，也更有意愿参与非农劳动。

（3）而对农村户籍的中老年人的影响大于对城镇户籍中老年人的影响，可能有以下几个原因：①农村户籍中老年人所从事的非农劳动主要集中于建筑为业、传统制造业等对健康程度要求较高的行业，健康的影响程度更大；②农村户籍的中老年人的非农劳动工作地点一般距离自己的居住地较远，而我国当前经济发展水平上，用人单位实际所能提供的食宿等条件非常有限，这就需要外出务工的中老年人有着良好的身体及心理素质；③农村户籍的中老年人的社会保障制度不够完善，需要更多地参与非农劳动，获得较高收益来应对风险；④在达到退休年龄前，城镇中老年人受到健康冲击的概率更大，而达到退休年龄后多数城镇中老年人享受退休政策，不必参加劳动，而多数农村中老年人为了生计还活跃在就业市场中，这时，健康对农村的效应远大于城镇，因此总体上健康对农村中老年人非农劳动就业的影响效应大于城镇。

2. 生理健康对中老年人的非农劳动的影响

（1）基本描述性分析。①慢性生理健康冲击对中老年人的非农劳动参与冲击在总体及分户籍样本中具有均有显著负向影响，且城镇中老年居民负向影响大于农村中老年居民；②急性生理健康冲击对中老年人的非农劳动就业冲击在总体及分户籍样本中均呈现显著负向影响，且对农村户籍中老年人的非农劳动就业影响大于对城镇户籍的中老年人。从边际效应结果来看，急性生理健康冲击使城镇中老年人的非农劳动就业率降低了 5.2%，小于农村户籍中老年的影响效应 10.7%；③缺乏基本日常生活活动能力障碍对总体及分户籍样本均显著负向影响，且对农村户籍中老年人非农劳动就业的影响大于对城镇户籍中老年人的参与非农劳动的影响；④缺乏工具性日常生活活动能力在总体及分户籍样本中均有显著负向影响，且对农村户籍中老年人的非农劳动就业影响大于对城镇户籍中老年人的非农劳动就业。

（2）实证结果基本符合预期。①慢性生理健康冲击对总体及分户籍样本均有显著负向影响，原因如下。①慢性疾病虽然不会迅速使人的健康水平下降，但依旧会限制人的生活行为，患有慢性病的中老年人通常无法胜任重体力劳动工作。②急性生理健康冲击对总体及分户籍样本有显著负向影响，且对农村户籍中老年人非农劳动就业的影响大于城镇户籍中老年人的非农劳动参与，符合预期。急性生理健康冲击会对中老年群体的健康状况造成直接、迅速的伤害。农村户籍中老年人，大多从事重体力劳动工作，这种工作对身体生理健康的要求更高，而城镇户籍的中老年人从事对体力要求较低的非农劳动时，"带病工作"坚持在原有岗位的可能性较大，同时也有可能出现上文提到的退休的影响，退休前城镇的效应大于农村，退休后农村的影响效应大于城镇，所以总体样本中，可能出现农村大于城镇的结果。③缺乏基本日常生活活动能力对总体及农村样本中均具有显著负向影响，这说明缺乏基本日常生活活动能力也降低了城镇中老年人非农劳动就业的概率，缺乏基本日常生活活动能力对农村户籍中老年人的影响大于对城镇户籍的中老年人的影响。缺乏基本日常生活活动能力虽然并不一定像急性生理健康冲击那样快速、强烈地降低中老年人的生理健康水平，但是往往会影响中老年人的日常活动。④缺乏工具性日常生活活动能力对总体及农村样本均具有显著负向影响。和缺乏基本日常生活活动能力的影响类似，其对城镇中老年人的影响不显著，但是系数为负。这也可以说明其降低了城镇中老年人非农劳动就业的概率，缺乏工具性日常生活活动能力对农村户籍中老年人非农劳动就业的影响大于城镇户籍的中老年人参与非农劳动的影响，缺乏工具性日常生活活动能力的影响类似于缺乏基本日常生活活动能力的影响。人除了自然属性外，还有社会属性，人离不开外部社会，除了自我照顾的日常活动外，简单基础的社会活动依旧是必要的。

3. 心理健康对中老年人的非农劳动就业的影响

（1）基本描述性分析。①在总体样本及分户籍样本中，抑郁倾向对中老年人的非农劳动就业呈现显著负向影响。从边际效应结果来看，有抑郁倾向的中老年人的非农劳动的率较心理状况较好的中老年人非农劳动就业率低 3.7%，其影响效应大于自评健康状况对中老年人的影响。②在分户籍样本中，抑郁倾向对农村户籍中老年人的影响大于城镇户籍中老年人。从边际效应结果具体来看，如表 4-2 所示，有抑郁倾向的城镇中老年人的非农劳动就业概率较无抑郁向的中老年人非农劳动就业率低 4.7%，而农村中老年人的非农劳动就业概率较无抑郁向的中老年人非农劳动就业率低 5.7%。

（2）实证结果符合预期。抑郁倾向越大，就会越少的中老年人身上参与非农劳动，而且抑郁倾向对非农劳动参与的伤害在农村户籍中老年人身上表现得更明显。①心理健康在中国社会未给予足够的重视。没有精神疾病不等于心理处于健康状态，日常生活的工作压力、情感压力等都会造成人们的抑郁倾向，影响心理健康。对于很多人来讲，在人生的某个阶段或时刻，存在抑郁倾向属于常见情况，而心理健康会使中老年人的情绪低落，从而降低其参与非农劳动就业积极性；②农村相对闭塞，居民文化水平相对不高，在市场经济的冲击下，农村人口出现了“空心化”，农村文化出现了“荒漠化”。

4. 个体特征控制变量

（1）性别方面。在性别方面，在全体样本及分户籍的城镇及农村样本中，男性非农劳动就业率更高。边际效用结果显示，城镇中老年男性参与非农劳动可能性比女性参与非农劳动可能性高 19.8%，而农村中老年男性非农劳动可能性比女性参与非农劳动可能性高 14.1%。

这一结果符合预期，也与很多学者的研究结论相吻合。首先，非农劳动工作本身要求劳动者的身体更加强壮。我国经济处于飞速发展的工业化阶段，非农劳动就业主要集中在建筑、矿业、制造、服务等行业。男性的身体比女性更加强壮，可以更好地适应劳动繁重的工作，在劳动力市场中，也更容易获得非农劳动就业机会。其次，这是社会文化影响下的家庭内部分工所要求的。家庭内部劳动虽然并未带来外部的收入，但是其劳动同样重要，女性在教育子女、看护老人、日常家务等方面，更加细心。通常，一个家庭组建后，女性更多地承担了家庭内部劳动。

（2）在年龄方面。实证结果显示，在全体样本及分户籍的城镇及农村样本中，年龄均呈现出统计意义上的显著负向影响，且对城镇户籍的影响程度大于对农村户籍的影响，符合预期。造成城镇居民比农村居民对年龄更加敏感的原因可能有：城镇户籍的中老年人一般均有退休金，退休后便可以不必参与非农劳动；农村户籍的中老年人的社会保障政策不完善，到达退休年龄后依旧需要从事非农劳动。

（3）在婚姻状况方面，婚姻状况对总体样本及分户籍的城镇、农村户籍的中老年人的非农劳动参与均无显著性影响，符合预期。婚姻状况在总体及分户籍样本中均未表现出显著的原因可能是，不论城镇还是农村家庭，中老年群体的婚姻情况类似——绝大部分人已婚，而且均会面临家庭经济压力而积极地参与非农劳动。

（4）在教育方面，在总体及分户籍样本中，教育均会有着显著性影响，符合预期。教育不仅仅会增加一个人的知识，更能塑造一个人的人格。知识技能可以增强一个人在劳动力市场中的竞争力，健全的人格可以让劳动者更加积极主动地寻找符合自身条件的非农劳动岗位。

（5）在家庭土地承包数方面。家庭土地承包数越多，农村中老年人的非农劳动概率越小，而家庭土地数对城镇中老年人的非农劳动就业的率无显著性影响，符合预期。对于农村家庭来说，耕种的土地越多，其农业劳动可以获得的经济效益一般也较多，需要的农业劳动时间也越长，农村中老年人此时会参与家庭中较多的农业劳动，而家庭成员中年轻人则会参与非农劳动。

（6）在家庭收入方面。家庭收入状况对农村户籍中老年非农劳动就业具有显著正向影响，对非农户籍中老年样本中具有显著负向影响。这不符合预期，值得思考。对于城市中老年人来说，家庭财富不是影响其劳动供给的主要因素，这说明城市居民整体财富水平偏高，城市中老年人不会因为经济因素而被迫坚持工作。农村整体家庭财富水平低，农村中老年人会因为家庭贫困而不得不坚持工作。

（7）家庭 15 岁及以下孩童数。从边际效用结果来看，家庭 15 岁及以下孩童数增加 1 人，农村中老年非农劳动就业率就减少 1.5%，而城镇中老年人非农劳动就业率则减少 6%。

三、年龄及性别的样本结果分析

对于中老年群体而言，随着年龄的增长而健康状况出现不可逆的下降趋势。不同性别的中老年人身体状况不同，在社会中承担的工作与家庭责任不同，他们根据国家政策及自身身体健康状况，选择在不同的年龄脱离非农劳动。

因此，为了更科学系统地研究健康对中老年人非农劳动就业的影响，本书按照年龄与性别对样本进行了分组研究。

1. 健康对城镇中老年人非农劳动就业的边际效应影响

表 4-3 列举的是分性别、分年龄的健康对城镇中老年人非农劳动就业的影响，在 45~59 岁的城镇男性群体中，自评健康状况对其非农劳动就业虽无显著性的影响，但是系数为负，这说明自评健康状况较差的城镇中老年人减少了非农劳动就业率。在 45~54 岁的城镇女性群体中，自评健康状况对其非农劳动就业具有显著负向影响，自评健康状况较差的城镇女性非农劳动就业率比自评健康状况较好的城镇女性参与非农劳动概率低 6.1%，大于对城镇 45~59 岁男性群体的影响。因为，男性为家庭收入的主要贡献者，作为非农劳动市场中的主要参与者，其对健康程度的敏感低于女性。同时注意，在达到退休年龄的群体中，即 60~65 的城镇男性群体以及 55~65 的城镇女性群体中，自评健康状况对其非农劳动就业概率无显著性影响。造成此现状的原因可能是这个年龄段的城镇群体，很多受到退休政策的影响，已经无须参与非农劳动就业，退休的中老年人可以获得退休金实现跨期平滑消费。

表 4-3 健康对城镇中老年人非农劳动就业的边际效应影响（分年龄、分性别）

变量名	男性		女性	
	45~59 岁	60~65 岁	45~54 岁	55~65 岁
selfhealth	−0.031	−0.018	−0.061*	−0.012
	（0.030）	（0.033）	（0.037）	（0.019）
schronic	−0.109**	0.008	−0.161***	0.000
	（0.048）	（0.039）	（0.048）	（0.025）

续表

变量名	男性		女性	
	45~59 岁	60~65 岁	45~54 岁	55~65 岁
wchronic	−0.059*	−0.035	−0.065*	−0.019
	（0.030）	（0.036）	（0.034）	（0.019）
ADL	−0.098***	−0.012	−0.161***	−0.002
	（0.034）	（0.064）	（0.040）	（0.033）
IADL	−0.234***	0.013	−0.303***	−0.016
	（0.051）	（0.059）	（0.073）	（0.030）
CES	−0.065*	0.012	−0.072*	−0.003
	（0.039）	（0.042）	（0.041）	（0.021）
lnland	−0.034	0.031	−0.030	−0.004
	（0.023）	（0.027）	（0.037）	（0.019）
people	0.005	0.000	0.018	0.003
	（0.014）	（0.014）	（0.017）	（0.008）
children	−0.046	−0.009	−0.167***	−0.031
	（0.032）	（0.032）	（0.042）	（0.021）
lnincome	−0.006*	−0.003	−0.009***	0.003
	（0.003）	（0.005）	（0.003）	（0.003）
age	−0.012***	−0.038***	−0.028***	−0.010***
	（0.004）	（0.011）	（0.007）	（0.003）
marry	0.147*	−0.056	−0.001	−0.037
	（0.075）	（0.065）	（0.066）	（0.023）
edu	0.158***	−0.032	0.123***	0.008
	（0.036）	（0.034）	（0.044）	（0.019）
pension	−0.350***	−0.017	−0.120**	−0.056**
	（0.052）	（0.067）	（0.061）	（0.026）
medical	0.070**	0.029	0.045	0.026
	（0.031）	（0.035）	（0.033）	（0.019）
区域因素	控制	控制	控制	控制
N	1022	529	715	924

注：括号内的数值为标准误；*、** 和 *** 分别表示估计值在 10%、5% 和 1% 水平下显著。

（1）分析生理健康指标对非农劳动就业的影响。①慢性生理健康冲击。如

表 4-3 所示，在 45~59 岁男性样本中，慢性生理健康冲击对其参与非农劳动的影响效应为负，且在 10% 的水平上显著，说明慢性病降低了城镇 45~59 岁城镇男性群体的非农劳动就业概率。在 45~54 岁的城镇女性群体中，慢性生理健康冲击对其参与非农劳动具有显著负向影响，有慢性病的城镇女性其非农劳动就业率减少 6.5%。②急性生理健康冲击项。如表 4-3 所示，不管是 45~59 岁男性样本，还是 45~54 岁女性样本，急性生理健康冲击对非农劳动就业都有显著负向影响，并且对 45~54 岁女性样本的影响效应大于 45~59 岁男性样本。③缺乏基本日常生活活动能力以及缺乏工具性日常生活活动能力对 45~59 岁男性样本以及 45~54 岁女性样本的影响类似，都对其有显著负向影响，并且对女性的影响效应大于男性。

（2）心理健康抑郁倾向对城镇中老年人非农劳动就业的影响。如表 4-3 所示，在 45~59 岁的城镇男性群体中，心理健康抑郁倾向对其参与非农劳动有显著负向影响，有心理健康抑郁倾向的城镇男性的非农劳动就业率比无心理健康抑郁的城镇男性非农劳动就业率低 6.5%。如表 4-3 所示，在 45~54 岁的城镇女性群体中，心理健康抑郁倾向对其非农劳动就业同样具有显著负向影响，有心理健康抑郁倾向的城镇女性的非农劳动概率比无心理健康抑郁的城镇男性非农劳动就业率低 7.2%。

（3）其他个体特征及家庭特征的影响和上文类似，在此不多做阐述，特别需要说明的是家庭收入和家庭孩子数显著影响了城镇 45~54 岁女性的非农劳动就业率，而对男性无显著性的影响。可见在全体样本中，家庭收入和家庭 15 岁及以下孩童数的影响完全体现在了城镇 45~54 岁女性身上。需要说明的是，在分样本后，婚姻状况对 45~59 岁男性样本中产生了显著正向影响，这表明男性已婚群体非农劳动就业率大于男性未婚群体非农劳动就业率。

通过以上对城镇中老年人分年龄分性别样本的分析可以得出，总体上各种健康指标都降低了 45~59 岁男性样本以及 45~54 岁女性样本非农劳动就业率，并且，对女性的影响效应大于对男性的影响效应。而在年龄高于退休年龄的群体中，健康对其非农劳动就业率无显著性影响。

2. 健康对农村中老年人非农劳动就业的边际效应影响

表 4-4 列举的是分性别、分年龄的健康对农村中老年人非农劳动就业的影

响，在45~59岁的农村男性群体中，自评健康状况对农村中老年人非农劳动就业有显著负向影响，自评健康状况较差的农村中年人非农劳动就业率比自评健康状况较好的农村中年人低4.8%。在45~54岁的农村女性群体中，自评健康状况对其非农劳动就业同样具有显著负向影响，自评健康状况较差的农村女性非农劳动就业率比自评健康状况较好的农村女性非农劳动就业率低5.2%。自评健康状况对60~65岁农村老年人的非农劳动就业率同样具有显著负向影响，且影响效应大于45~59岁男性中年群体。自评健康状况对55~65岁农村女性老年人的非农劳动就业概率同样具有显著负向影响，且影响效应大于45~54岁农村女性。

表4-4 健康对农村中老年人非农劳动就业的边际效应影响（分年龄分性别）

变量名	男性		女性	
	45~59岁	60~65岁	45~54岁	55~65岁
selfhealth	−0.048**	−0.052***	−0.052***	−0.075***
	（0.019）	（0.015）	（0.009）	（0.013）
schronic	−0.069***	−0.128***	−0.088***	−0.133***
	（0.014）	（0.027）	（0.020）	（0.040）
wchronic	−0.040**	−0.045***	−0.041***	−0.052***
	（0.019）	（0.015）	（0.009）	（0.013）
ADL	−0.064**	−0.073**	−0.088***	−0.134***
	（0.026）	（0.032）	（0.014）	（0.026）
IADL	−0.084***	−0.127***	−0.104***	−0.154***
	（0.017）	（0.030）	（0.031）	（0.029）
CES	−0.026***	−0.055***	−0.075***	−0.080***
	（0.021）	（0.018）	（0.009）	（0.015）
lnland	−0.033***	−0.022***	−0.015***	−0.028***
	（0.010）	（0.008）	（0.005）	（0.007）
people	0.004	−0.002	0.004	−0.002
	（0.007）	（0.006）	（0.003）	（0.005）
children	−0.006	0.007	−0.018***	−0.056***
	（0.013）	（0.012）	（0.007）	（0.012）
lnincome	0.004	0.005***	0.001	0.001
	（0.003）	（0.002）	（0.001）	（0.002）

变量名	男性		女性	
	45~59 岁	60~65 岁	45~54 岁	55~65 岁
age	-0.004	-0.010***	-0.000	-0.006**
	(0.008)	(0.002)	(0.001)	(0.003)
edu	0.043**	0.037**	0.005	0.035***
	(0.021)	(0.015)	(0.013)	(0.013)
social	0.007	0.002	0.010	0.027**
	(0.018)	(0.015)	(0.008)	(0.013)
medical	0.039**	0.040***	-0.005	0.025*
	(0.020)	(0.015)	(0.009)	(0.013)
区域因素	控制	控制	控制	控制
N	4088	1731	3209	3797

注：括号内为标准误；***、** 和 * 分别表示在 1%、5% 和 10% 显著性水平下显著；限于篇幅原因。

（1）生理健康指标对非农劳动就业的影响。①慢性生理健康冲击、急性生理健康冲击对中老年群体的非农劳动就业都有显著性的影响，并且在各个群体中，急性生理健康冲击的影响效应大于慢性生理健康冲击。②缺乏基本日常生活活动能力、缺乏工具性日常生活活动能力对男性及女性中老年群体非农劳动就业概率都有显著负向影响。本书通过对农村与城镇群体进行对比，得出除了慢性生理健康冲击外，所有生理健康指标对农村 45~59 岁农村男性群体非农劳动就业的影响效应小于其对 45~59 岁城镇男性群体参与非农劳动的影响效应。本书根据退休年龄对样本进行划分后发现，在达到退休年龄之前，健康对农村中老年人的影响效应小于其对城镇中老年人参与非农劳动的影响效应。可能的原因是，虽然城镇中老年人有着更高的收入水平、享有更好的社会福利，但是一旦中老年劳动者出现健康问题，农村居民会坚持工作，不降低自己的收入。

在达到退休年龄后，健康对农村中老年人的影响效应大于其对城镇中老年人参与非农劳动的影响效应。可能的原因是，城镇中老年人绝大部分退出劳动市场，进入退休生活，此时健康对城镇居民参与非农劳动已经没有显著性意义。而农村中老年人没有退休金替代收入，不会出现突然大批退出劳动力市场的现象，此时健康会显著降低农村居民的参与非农劳动。

（2）心理健康抑郁倾向对农村中老年人非农劳动就业的影响。如表 4-4 所示，在45~59岁的农村男性群体中，心理健康抑郁倾向对其非农劳动就业具有显著负向影响，有心理健康抑郁倾向的农村男性群体参与非农劳动就业率比无心理健康抑郁的农村男性群体非农劳动就业率低2.6%。如表4-3所示，在45~54岁的农村女性群体中，心理健康抑郁倾向对其参与非农劳动同样具有显著负向影响，有心理健康抑郁倾向的农村女性群体非农劳动就业率比无心理健康抑郁的农村女性群体参与非农劳动的概率低7.5%。

（3）通过以上对农村中老年人分年龄、分性别样本的分析可以得出，代表总体健康水平的自评健康状况、生理健康指标、心理健康指标对男性及女性分年龄样本都有显著负向影响，不管退休前还是退休后，对女性的影响效应均大于对男性的影响效应。健康对农村60~65岁农村男性群体非农劳动就业的影响效应大于其对45~59岁农村男性群体参与非农劳动的影响效应。健康对女性55~65岁群体非农劳动就业的影响效应大于对女性45~54岁群体非农劳动就业的影响效应。

四、整体分析

从描述性统计结果中可以看出，在劳动力市场中，城镇居民的非农劳动就业率高于农村居民。在中老年人健康情况中，城镇居民仅在慢性疾病生理健康维度略高于农村居民，其他各项健康维度均优于农村居民。从中老年人的个人特征来看，城镇居民的受教育程度远远高于农村居民。从中老年人的家庭特征来看，城镇居民收入高于农村居民，但是需要注意的是，我国农村和城镇的家庭人数偏低，城镇家庭人数少于农村家庭，这在15岁及以下孩童数方面表现得更明显。这表明我国当前人口所面临增速过快的问题转变为新增人口不足的问题，如果当前的“三孩”政策无法达到预期效果，人口生育政策可从限制生育变为鼓励生育。

从总体及分户籍样本结果可以看出，自评健康指标、生理健康指标、心理健康指标对全体样本、城镇样本及农村样本都有显著性的影响。

对城镇中老年人分年龄分性别样本的分析，可以得出：①代表总体健康水平的自评健康状况对45~59岁男性样本以及45~54岁女性样本都有显著负向影响，并且对女性的影响效应大于其对男性的影响效应；②慢性生理健康冲击、急性生理健康冲击、基本日常活动能力障碍和工具性日常活动能力障碍对45~59岁男性样本及45~54岁女性样本都有显著性影响，并且对女性的影响效应大于对男性的影响效应；③有心理健康抑郁倾向的城镇女性非农劳动就业率减少7.2%，大于对45~59岁城镇男性的影响6.5%。的自评健康状况、生理健康指标、心理健康指标对60~65岁男性群体和55~65岁女性群体都无显著性的影响。这也说明了目前城镇中老年人在退休后，受退休政策及各种福利的影响，一般不再从事非农劳动，因此健康对其非农劳动就业率也没有显著性的影响。

本书对农村中老年人进行分性别分年龄样本的分析中，发现了其与城镇中老年群体的差异性，代表总体健康水平的自评健康状况、生理健康指标、心理健康指标对男性及女性分年龄样本都有显著负向影响，并且，对女性的影响效应大于对男性的影响效应。同时，健康对60~65岁农村男性群体非农劳动就业的影响效应大于对45~59岁农村男性群体的影响效应。健康对55~65岁女性群体非农劳动就业的影响效应大于对45~54岁农村女性群体。

通过以上结果，初步可以发现我国中老年劳动力参与市场的现象：①健康对女性的影响效应大于对男性；②退休年龄政策对城镇中老年人参与劳动的决策有较大的影响，健康对退休城镇老年人参与非农劳动决策已无影响；③健康对高龄农村老人非农劳动就业的影响效应大于对低龄中老年人非农劳动就业的影响效应。

第五章　健康对中老年人非农劳动时间的影响

第一节　数据来源与变量选择

一、数据来源

非农劳动时间是劳动力市场关系中的一个重要维度，其与非农劳动就业一般为同时调研获得。本章研究的数据库同第四章中的数据库一样，选择的理由已由第四章陈述，本章不再赘述。

回归模型的城镇及农村总体样本为 12 512 个，其中城镇样本 2 686 个，农村样本 9 826 个。

二、变量选择

本章的因变量为非农劳动时间。本书的劳动时间主要指全年劳动时间。关于劳动时间，CHARLS 问卷有以下问题：过去一年从事某项劳动的月份；过去一年从事某项劳动的月份里，每周工作几天；过去一年中，从事某项劳动的日子里，每天工作几个小时。本书的劳动时间为从事某项劳动的月份数 ×4× 天数 × 小时数。非农劳动时间为自雇和受雇劳动时间的总和。

本书在研究健康对中老年人参与非农劳动的影响时，除了研究健康冲击变量之外，在实证分析模型中引入了一些控制变量。这些控制变量包括个体特征控制变量和家庭特征控制变量。

1. 个体特征

（1）年龄。正如前文所述，对于中老年人群体，健康随着年龄的增长而出现不可逆的下降趋势，年龄是影响健康状况的重要因素。通常情况下，年龄越大的中老年人，其非农劳动时间也会下降。因此，本书预期：年龄对中老年人群体非农劳动时间具有显著负向的影响。同时，本书为了考查退休政策可能对城镇及农村群体的差异性影响，设置的退休年龄同第四章相同，原因不再赘述。

（2）性别。性别对中老年人非农劳动时间的影响类似于其对中老年人参与非农劳动的影响。本书预期：男性的非农劳动时间比女性的非农劳动时间更长。

（3）户籍。户籍对中老年人非农劳动时间的影响和其对中老年人参与非农劳动就业的影响稍有不同，上一章指出城镇户籍的中老年人的参与非农劳动的机会较多，并不代表其劳动时间也较长，相反，其有可能在退休后，非农劳动时间较农村户籍居民短，而退休前，他们不用通过付出大量的非农劳动时间而取得收入，因此城镇户籍居民非农劳动时间也可能低于农村居民非农劳动时间，因此本书预期：城镇中老年人的非农劳动时间少于农村中老年人。

（4）受教育程度。受教育程度越高，并不意味着会有更长的非农劳动时间，所以教育对于中老年人的非农劳动时间的影响不确定。

（5）婚姻状况。婚姻状况对中老年人非农劳动时间的影响类似于其对中老年人非农劳动就业的影响。

（6）医疗保险。拥有医疗保险并不意味着会有更长或更短的非农劳动时间，所以本书预期：医疗保险对于中老年人的非农劳动时间的影响不确定。

（7）养老保险。养老保险对中老年人非农劳动时间的影响类似于其对中老年人非农劳动就业的影响。本书预期：拥有养老保险的中老年群体的非农劳动时间会更短。

（8）社会交往。社会交往对中老年人劳动市场表现的影响主要体现在获取工作机会上，而对非农劳动时间没有特别的影响，因此本书去掉了这个变量。

（9）小时工资（工资率）。需要说明的是，这里引入工资率变量，工资率是影响工作时间的重要因素，中国健康与养老追踪调查数据库向每一类工作者询问了工资收入情况，为了方便比较，本书把相应的工资收入都折算成小时工资，即工资率。人们参与非农劳动的最初始的目的是获得报酬，进而满足个人及家庭的生活所需。如果一个人的小时工资较高的话，那么这个人可能缩短非农劳动时间，进而选择与家人一起度假等活动，同时也有可能出现收入效应，即工资率越高，其有可能增加劳动时间，获取更多的收入。因此，为了更科学地研究健康对劳动时间的影响，这一部分引入小时工资控制变量。

2. 家庭特征

家庭特征的控制变量包括家庭人数、家庭未成年人数、家庭收入、家庭承包土地数。各个变量对非农劳动时间的影响类似于其对中老年非农劳动就业的影响。

第二节 计量模型的构建

本书中的非农劳动时间，一般有两种估计方法，一种是选择全部样本，其中包括很多劳动时间为 0 的样本，用 Tobit、Heckman 等方法进行估计（杨志海，2013；秦立建，2015），另一种是选择劳动时间大于 0 的样本，用 ols 等方法考查各类因素对劳动时间的影响。本章后续的实证研究为了考查健康对不同群体的非农劳动时间的影响效应，对样本进行了详细的划分，既考虑户籍差异，又考虑了性别和年龄差异，需要较大的样本量才能使本书的分析较全面，因此本部分采用面板 tobit 模型来探讨健康对中老年人非农劳动参与时间的影响。tobit 模型是分析受限因变量常见的模型，原理如下。

假如 $y_i* = x_i'\beta + \epsilon_i$（$y_i^*$ 不可观测），扰动项 $\epsilon_i \setminus x_i \; N(0,\sigma^2)$。为了模型的常规应用，从简单模型算起，假设截取点为 c=0. 假设可以观测到

$$y_i = \begin{cases} y_i^*, y_i^* > 0, \\ 0, y_i^* \leqslant 0 \end{cases} \tag{5-1}$$

根据前述假设，确定子样本的条件期望如下：

$$\begin{aligned} E(y_i \setminus x_i; y_i > 0) &= E(y_i^* \setminus x_i; y_i > 0) \quad (\text{给定} y_i > 0, \text{必然} y_i = y_i^*) \\ &= E(x_i'\beta + \epsilon_i \setminus x_i; y_i^* > 0) \end{aligned} \tag{5-2}$$

$$= x_i'\beta + E(\epsilon_i \backslash x_i; x_i'\beta + \epsilon_i > 0)$$
$$= x_i'\beta + E(\epsilon_i \backslash x_i; \epsilon_i > -x_i'\beta)$$
$$= x_i'\beta + \sigma \bullet \rho\left(\frac{-x_i'\beta}{\sigma}\right)$$（使用正态分布的断尾公式，且 $E(\in_i)=0$ ）

因此，非线性项 $\sigma \bullet \rho\left(\frac{-x_i'\beta}{\sigma}\right)$ 被忽略，归入扰动项，致使解释变量量 x_i 和扰动项相关，故 ols 可能导致不一致。对于整体样本，

$$\begin{aligned} E(y_i \backslash x_i) &= 0 \bullet P(y_i = 0 \backslash x_i) + E(y_i \backslash x_i; y_i > 0) \bullet P(y_i > 0 \backslash x_i) \\ &= E(y_i \backslash x_i; y_i > 0) \bullet P(y_i > 0 \backslash x_i) \end{aligned} \tag{5-3}$$

其中，$P(y_i > 0 \backslash x_i) = P(x_i'\beta + \in_i > 0 \backslash x_i)$

$$= P(\epsilon_i > -x_i'\beta \backslash x_i) = P;\left(\frac{\epsilon_i}{\sigma} > \frac{-x_i'\beta}{\sigma} \backslash x_i\right)$$
$$= 1 - \phi\left(\frac{-x_i'\beta}{\sigma}\right) = \phi\left(\frac{-x_i'\beta}{\sigma}\right)$$（标准正态以原点为对称）

$E(y_i \backslash x_i) = E(y_i \backslash x_i; y_i > 0) \bullet P(y_i > 0 \backslash x_i) = \phi\left(\frac{-x_i'\beta}{\sigma}\right)\left[x_i'\beta + \sigma \bullet \rho\left(\frac{-x_i'\beta}{\sigma}\right)\right]$ 为解释变量的非线性函数。

Tobin 于 1958 年指出可以用 MLE 对此类型模型进行估计，该估计模型称为 Tobit 模型。在截取数据状况下，$y_i > 0$ 的概率密度是不变的，仍为 $\frac{1}{\sigma}\phi\left(\frac{y_i - x_i'\beta}{\sigma}\right)$，$\forall y_i > 0$。而 $y_i \leqslant 0$ 时的分布处在点 $y_i = 0$ 上了。

即 $P(y_i = 0 \backslash x) = 1 - P(y_i > 0 \backslash x) = 1 - \phi\left(\frac{x_i'\beta}{\sigma}\right)$。因此，上述混合分布的概率密度函数为

$$f(y_i \backslash x) = \left[1 - \phi\left(\frac{x_i'\beta}{\sigma}\right)\right]^{1(y_i=0)} \left[\frac{1}{\sigma}\phi\left(\frac{y_i - x_i'\beta}{\sigma}\right)\right]^{1(y_i>0)} \tag{5-4}$$

其中，1（·）被称为示性函数（Indicator Function），该函数表达的意思为，假如括号里的表达式为真，取值设为“1”；括号里表达式为假，取值设为“0”。因此，整体样本的似然函数能够用表达式写出来，最后可以写出整个样本的似然函数，用 MLE 估计方法进行估计。

第三节　实证结果与分析

一、描述性统计结果分析

本书所选用的数据库是 2011 年和 2013 年的中国健康与养老追踪调查数据库。实证分析将两次调查数据进行合并，保留参加了 2011 年的调查且参加了 2013 年调查的样本，在剔除极端数据和缺失数据后，非农劳动时间模型估计的共有 12 512 个观测值，其中城镇样本 2 686 个，农村样本 9 826 个。所有观测值均为 45~65 岁城镇及农村居民。需要说明的是，由于劳动参与时间的缺省值较上一章有所增加，因此本章进入实证分析的样本数量比上一章节稍少。样本统计性描述见表 5-1。

表 5-1　主要变量的统计性描述

变量名	全体样本	城镇	农村	变量描述	变量定义及赋值
lntime	2.340	2.097	3.228	非农就业时间对数	小时
selfhealth	0.493	0.424	0.511	自评健康状况	1= 较差，0= 较好
schronic	0.225	0.169	0.240	是否有急性生理健康冲击	1= 是，0= 否
wchronic	0.665	0.628	0.675	是否有慢性生理健康冲击	1= 是，0= 否
ADL	0.253	0.119	0.290	是否有基本日常生活活动能力	1= 是，0= 否
IADL	0.168	0.0950	0.188	是否有工具性日常生活活动能力	1= 是，0= 否
CES	0.327	0.219	0.357	是否有抑郁倾向	1= 是，0= 否
lnland	0.775	0.150	0.946	家庭土地承包数对数	亩
people	3.775	3.334	3.896	家庭人口数	人
children	0.598	0.380	0.657	家庭 15 岁及以下孩童数	人
lnincome	7.812	7.846	7.802	家庭收入对数	元
age	55.05	55.15	55.02	年龄	岁

续表

变量名	全体样本	城镇	农村	变量描述	变量定义及赋值
marry	0.927	0.927	0.927	婚姻状况	1= 已婚，0= 未婚
edu	0.392	0.706	0.306	受教育程度是否在小学以上	1= 是，0= 否
medical	0.939	0.309	0.950	是否有医疗保险	1= 是，0= 否
pension	0.393	0.880	0.416	是否有养老保险	1= 是，0= 否
lnwage	0.616	0.509	0.544	小时工资	元
gender	0.491	3.228	0.486	性别	1= 男性，0= 女性
hukou	0.215	—	—	户籍	1= 城镇，0= 农村

从样本中的中老年人主要变量描述性统计来看：农村居民的非农劳动时间比城镇居民的非农劳动时间要长。各个健康变量的统计性描述显示，整体上农村中老年人的健康水平低于城镇中老年人的健康水平[①]。其中自评健康指标变量中，城镇居民样本自评健康较差的占比 42.4%，农村居民样本较好的占比 51.1%，城镇居民比农村居民的自评健康较差的占比低 9.7%，城镇居民抑郁倾向的均值为 0.219，小于农村居民的 0.357。家庭特征变量及个体特征变量和上章统计结果类似，在此不做过多的赘述。

总体来看，农村中老年人的劳动时间多于城镇中老年人。在中老年人健康情况中，城镇居民各项健康维度均优于农村居民。从中老年人的个人特征来看，城镇居民的受教育程度远高于农村居民。从中老年人的家庭特征来看，城镇居民收入高于农村居民，其他变量的描述性统计结果与第四章类似。

二、总体及分户籍样本结果分析

接下来，进一步探究总体样本以及分户籍样本中，健康对中老年人非农劳动时间的影响。上一章实证结果显示，户籍会影响非农劳动就业，那么户籍是否也影响非农劳动时间呢？表 5-2 为健康对中老年人总体及分户籍的非农劳动时间的边际影响情况。通过表 5-2，可以得出如下结论。

① 因为本书的健康变量赋值都为负向冲击，所以农村的各类健康变量统计性描述的均值高于城镇。

表 5-2　健康对中老年人非农劳动时间的边际影响（总体及分户籍）

变量名	全体样本	城镇	农村
selfhealth	-0.219***	-0.209**	-0.201***
	(0.043)	(0.103)	(0.047)
schronic	-0.275***	-0.436***	-0.282***
	(0.062)	(0.157)	(0.068)
wchronic	-0.308***	-0.482***	-0.241***
	(0.044)	(0.101)	(0.049)
ADL	-0.235***	-0.292*	-0.263***
	(0.061)	(0.171)	(0.066)
IADL	-0.470***	-0.446***	*-0.398**
	(0.071)	(0.201)	(0.074)
CES	-0.344***	-0.326**	-0.327***
	(0.050)	(0.132)	(0.053)
lnland	-0.174***	-0.481***	-0.149***
	(0.026)	(0.103)	(0.026)
people	0.063***	0.117**	0.046**
	(0.018)	(0.048)	(0.019)
children	-0.110***	-0.112	-0.096***
	(0.036)	(0.113)	(0.037)
lnincome	0.018***	0.033***	0.019***
	(0.005)	(0.011)	(0.006)
age	-0.034***	-0.109***	-0.019***
	(0.004)	(0.010)	(0.004)
edu	0.047	-0.354***	0.134***
	(0.046)	(0.118)	(0.049)
pension	-0.383***	-0.737***	-0.154
	(0.082)	(0.157)	(0.100)
medical	0.211***	0.149	0.208***
	(0.042)	(0.103)	(0.045)
lnwage	1.473***	1.705***	1.398***
	(0.017)	(0.037)	(0.020)
gender	0.309***	0.557***	0.230***
	(0.044)	(0.103)	(0.049)

续表

变量名	全体样本	城镇	农村
hukou	-0.032		
	(0.054)		
区域因素	控制	控制	控制
N	12 512	2 686	9 826

注：括号内的数值为标准误；***、** 和 * 分别表示在 1%、5% 和 10% 显著性水平下显著。

1. 自评健康对中老年人的非农劳动时间的影响

（1）在总体及分户籍样本中，自评健康水平对中老年人的非农劳动时间呈现显著负向影响；从边际效应结果来看，相比于健康状况较好的中老年人，健康状况较差的中老年人非农劳动时间比健康状况较好的中老年人的非农劳动时间低 21.9%。这符合预期，健康状况较差的非农劳动参与者会被动或主动的减少劳动时间。

（2）进一步研究分户籍样本的情况，在自评健康对中老年人的非农劳动时间的影响中，健康对城镇户籍的中老年人的影响效应略高于农村户籍中老年人。这是总体城镇及农村的样本结果，为了更详细地看出城乡差异，后面会继续分退休年龄、分性别进行详细对比。

2. 生理健康对中老年人的非农劳动时间的影响

（1）在总体及分户籍样本中，慢性生理健康冲击对中老年人的非农劳动时间呈现显著负向影响，且对农村户籍中老年人的非农劳动时间影响小于对城镇户籍中老年人的非农劳动时间影响。这符合预期，慢性疾病即使在药物等手段的作用下得到控制，但已经限制了劳动者对工作的时间投入。

（2）在总体及分户籍样本中，急性生理健康冲击对中老年人的非农劳动时间呈现显著负向影响，且对城镇户籍中老年人的非农劳动时间影响大于对农村户籍的中老年人。实证符合预期，急性疾病会直接、剧烈地降低劳动者的健康水平，造成劳动者健康状况很难支撑较长的劳动时间。

（3）在总体及分户籍样本中，缺乏基本日常生活活动能力对中老年人的非农劳动时间呈现显著负向影响，且对农村户籍中老年人的非农劳动时间影响大于对城镇户籍中老年人的非农劳动时间。实证符合预期，缺乏基本日常生活活动能力冲击效应类似于急性生理健康冲击与慢性生理健康冲击的叠加效应。

（4）在总体及分户籍样本中，缺乏工具性日常生活活动能力对中老年人的非农劳动时间呈现显著负向影响，且对农村户籍中老年人的非农劳动时间影响小于对城镇户籍中老年人的非农劳动时间影响。实证符合预期，缺乏工具性日常生活活动能力冲击效应类似于缺乏基本日常生活活动能力冲击效应。

3. 心理健康对中老年人的非农劳动时间的影响

（1）在总体样本及分户籍样本中，抑郁倾向对中老年人的非农劳动时间有显著负向影响。实证符合预期，心理健康状况不佳的人会选择减少与外界接触，缩短工作时间。

（2）在分户籍样本中，抑郁倾向对城镇户籍中老年非农劳动时间的影响和农村户籍中老年人非农劳动时间的影响基本相似。

4. 个体特征控制变量

如表 5-2 所示，在性别方面，在全体样本及分户籍的城镇及农村样本中，相较于女性，男性有着更长的劳动时间。从边际效用结果来看，城镇中老年男性与女性的非农劳动时间差距大于农村中老年男性与女性的非农劳动时间差距。实证结果符合预期，通常男性的非农劳动工资率较高，所以延长非农工作时间可以获得更高的收益。而女性通常的非农劳动工资率较低，缩短一定的工作时间转而从事家庭内部劳动。这种分配方式可以使家庭实现收入的“经济最优”。值得注意的是，城镇男性比女性多出的非农劳动时间高于农村地区。可能的原因为，农村地区的男性除了承担非农劳动获得较高收益之外，还要在种植、收获季节也参与农业劳动，例如秋季时，农民工会要求返乡收割庄家。户籍对中老年人劳动时间的影响并没有出现统计上的显著意义，但是系数为负，整体上也可以说明城镇户籍的中老年人非农劳动时间小于农村户籍的中老年人。

（1）在年龄方面，实证结果显示，在全体样本及分户籍的城镇及农村样本中，年龄均呈现出统计意义上的显著负向影响，且对城镇户籍中老年人非农劳动时间的影响程度远大于对农村户籍中老年人非农劳动时间的影响。可能的原因为城镇户籍的中老年人一般退休后便可以不再参与非农劳动，需要延长非农劳动时间的压力很小，而农村户籍的中老年人到达退休年龄后需要继续从事非农劳动，甚至劳动时间也没有明显减少。

（2）家庭特征控制变量。在家庭承包土地数方面，家庭承包土地数越多，农村中老年人的非农劳动时间越少，而家庭土地承包数对城镇中老年人非农劳动就业率无显著性影响。在家庭土地承包数的影响当中，对于农村家庭来说，土地越多，其农业劳动可以获得的经济效益一般也较多，需要的农业劳动时间也越多，农村中老年人此时会承担起家庭中较多的农业劳动，而改为由家庭成员中的年轻人去参与非农劳动。

三、分年龄及性别的样本结果分析

在考查了健康对中老年人劳动参与时间的影响效应后，进一步考查健康对不同性别及年龄的中老年群体劳动时间的影响，同样有着较为现实的意义。通常来讲，政府在制定政策时会因为不同性别而制定不同的退休政策，那么在调整延迟退休政策时，同样需要分别考查不同性别及年龄段的人群受健康影响的情况。

1. 健康对城镇中老年人非农劳动时间的边际效应影响

表 5-3 列举的是分年龄、分性别的健康对城镇中老年人非农劳动时间的影响，在 45~59 岁的城镇男性群体中，自评健康状况对其非农劳动时间有显著负向影响，自评健康状况较差的城镇中年人的非农劳动时间比自评健康状况较好的城镇中年人非农劳动时间少 41.9%。如表 5-3 所示，在 45~54 岁的城镇女性群体中，自评健康状况对其非农劳动时间虽然没有显著性的影响，但是边际效应为负，也可以说明，自评健康缩短了 45~54 岁城镇女性的非农劳动时间。

在 60~65 的城镇男性群体以及 55~65 的城镇女性群体中，自评健康状况对其非农劳动时间无显著性影响。可能的原因为，目前我国城镇居民的退休老人有退休金的收入，不必再去参与非农劳动，所以健康也不会对劳动时间有显著影响。

表 5-3　健康对城镇中老年人非农劳动时间的边际效应影响（分年龄、分性别）

变量名	男性	男性	女性	女性
	45~59 岁	60~65 岁	45~54 岁	55~65 岁
selfhealth	-0.419**	-0.091	-0.246	-0.039
	（0.195）	（0.225）	（0.239）	（0.136）
schronic	-0.460*	-0.123	-0.569*	-0.268
	（0.371）	（0.301）	（0.335）	（0.179）
wchronic	-0.335*	-0.294	-0.763***	-0.002
	（0.194）	（0.237）	（0.229）	（0.142）
ADL	-0.652**	0.173	-0.830*	-0.028
	（0.300）	（0.370）	（0.473）	（0.230）
IADL	-0.898**	-0.452	-0.949*	0.039
	（0.408）	（0.420）	（0.568）	（0.201）
CES	-0.507*	0.012	-0.576*	-0.250
	（0.269）	（0.290）	（0.300）	（0.156）
lnland	-0.660***	-0.091	-0.909***	-0.057
	（0.168）	（0.224）	（0.282）	（0.197）
people	0.201**	0.041	0.330***	-0.050
	（0.090）	（0.108）	（0.115）	（0.065）
children	-0.123	0.045	-0.578**	0.159
	（0.205）	（0.239）	（0.278）	（0.162）
lnincome	0.062***	-0.006	0.044**	-0.001
	（0.021）	（0.036）	（0.022）	（0.019）
age	-0.074***	-0.156**	-0.147***	-0.050**
	（0.023）	（0.068）	（0.040）	（0.024）
marry	0.108	-0.309	-0.468	-0.106
	（0.483）	（0.469）	（0.486）	（0.178）
edu	-0.145	-0.196	-0.297	-0.342**
	（0.239）	（0.230）	（0.287）	（0.144）
pension	-0.821***	-0.652*	-0.711**	-0.326*
	（0.306）	（0.394）	（0.354）	（0.184）
medical	-0.131	0.265	-0.083	0.406***
	（0.197）	（0.234）	（0.221）	（0.138）

续表

变量名	男性	男性	女性	女性
	45~59 岁	60~65 岁	45~54 岁	55~65 岁
lnwage	2.051***	1.114***	2.008***	1.048***
	（0.065）	（0.102）	（0.075）	（0.085）
区域因素	控制	控制	控制	控制
N	963	405	638	680

注：括号内的数值为标准误 ***、** 和 * 分别表示在 1%、5% 和 10% 显著性水平下显著。

（1）生理健康对城镇中老年人的非农劳动时间的影响。如表 5-3 所示，急性生理健康冲击和慢性生理健康冲击都显著减少了 45~59 岁男性以及 45~54 岁女性的非农劳动时间。如表 5-3 所示，急性生理健康冲击以及慢性生理健康冲击对退休的城镇群体没有显著性的影响。缺乏基本日常生活活动能力以及缺乏工具性日常生活活动能力对城镇中老年人的非农劳动时间的影响效应类似于急性和慢性生理健康冲击，即对 45~59 岁男性以及 45~54 岁女性都有显著性的影响，且对退休的男性和女性都无显著性的影响。

（2）心理健康抑郁倾向对城镇中老年人的非农劳动时间的影响。如表 5-3 所示，在 45~59 岁的城镇男性群体中，心理健康抑郁倾向对其参与非农劳动有显著负向影响，有心理健康抑郁倾向的城镇男性群体比无心理抑郁倾向的城镇男性群体非农劳动时间少 50.4%。如表 5-3 所示，在 45~54 岁的城镇女性群体中，心理健康抑郁倾向对其参与非农劳动时间同样具有显著负向影响，有心理健康抑郁倾向的城镇女性群体非农劳动时间比无心理健康抑郁倾向的城镇女性群体少 57.6%。在退休后，心理健康抑郁倾向对男性以及女性中老年人非农劳动时间没有显著性的影响。实证结果符合预期，心理健康会大幅度降低中老年人的非农劳动时间，心理健康的危害需引起重视。

2. 健康对农村中老年人非农劳动时间的边际效应影响

表 5-4 列举的是分年龄、分性别的健康对农村中老年人非农劳动时间的影响，在 45~59 岁的农村男性群体中，自评健康状况对其参与非农劳动时间有显著负向影响，自评健康状况较差的农村男性群体非农劳动时间比自评健康状况较好的农村男性群体非农劳动时间少 29.5%。如表 5-4 所示，在 45~54 岁的农村

女性群体中，自评健康状况对其参与非农劳动同样具有显著负向影响，自评健康状况较差的农村女性群体非农劳动时间比自评健康状况较好的农村女性群体非农劳动时间少 20.8%。

表 5-4　健康对农村中老年人非农劳动时间的边际效应影响（分年龄、分性别）

变量名	男性	男性	女性	女性
	45~59 岁	60~65 岁	45~54 岁	55~65 岁
selfhealth	−0.111*	−0.192**	−0.208*	−0.295***
	（0.063）	（0.096）	（0.118）	（0.094）
schronic	−0.196**	−0.408***	−0.354*	−0.329*
	（0.081）	（0.152）	（0.196）	（0.171）
wchronic	−0.114*	−0.245**	−0.216*	−0.216**
	（0.061）	（0.100）	（0.130）	（0.102）
ADL	−0.125*	−0.265**	−0.289*	−0.578***
	（0.076）	（0.127）	（0.152）	（0.172）
IADL	−0.227***	−0.397***	−0.336*	−0.630***
	（0.087）	（0.150）	（0.198）	（0.179）
CES	−0.159**	−0.249**	−0.287**	−0.429***
	（0.064）	（0.100）	（0.135）	（0.119）
lnland	−0.054	−0.152***	−0.211***	−0.194***
	（0.034）	（0.054）	（0.069）	（0.051）
people	0.013	0.071*	0.005	0.067*
	（0.026）	（0.039）	（0.048）	（0.037）
children	−0.088*	−0.292***	0.086	−0.024
	（0.052）	（0.083）	（0.088）	（0.073）
lnincome	0.019**	0.021*	0.044**	0.010
	（0.008）	（0.011）	（0.018）	（0.012）
age	−0.022**	−0.036**	−0.064*	0.019*
	（0.010）	（0.016）	（0.034）	（0.011）
marry	−0.009	−0.299	0.242	0.350
	（0.100）	（0.208）	（0.224）	（0.219）
edu	0.139	0.064	0.076	0.260***
	（0.092）	（0.092）	（0.135）	（0.091）

续表

变量名	男性	男性	女性	女性
	45~59 岁	60~65 岁	45~54 岁	55~65 岁
pension	−0.076	−0.365**	0.092	0.002
	（0.133）	（0.178）	（0.314）	（0.205）
medical	0.122**	0.165*	0.231*	0.258***
	（0.059）	（0.091）	（0.119）	（0.091）
lnwage	0.932***	1.483***	1.331***	1.790***
	（0.046）	（0.049）	（0.057）	（0.030）
区域因素	控制	控制	控制	控制
N	3 523	1 249	2 457	2 597

注：括号内的数值为标准误；*、** 和 *** 分别表示估计值在 10%、5% 和 1% 水平下显著。

（1）生理健康指标对非农劳动时间的影响。各项生理健康指标对分样本的农村中老年人的非农劳动时间都有显著性的影响，且健康对 60~65 岁男性群体的非农劳动时间的影响大于对 45~59 岁群体的影响。健康对 55~65 岁女性群体非农劳动时间的影响大于对 45~54 岁群体的影响。同时健康对 55~65 岁女性中老年人的影响大于对 60~65 岁男性群体的影响。而健康对 45~54 岁女性群体的影响大于对 45~60 岁男性群体的影响。

（2）心理抑郁倾向对农村中老年人非农劳动时间的影响。心理抑郁倾向对中老年人非农劳动时间的影响和健康指标类似。如表 5-4 所示，在 45~59 岁的农村男性群体中，心理抑郁倾向对其非农劳动时间具有显著负向影响，有心理抑郁倾向的农村中年人的非农劳动概率减少 15.9%，这一比例小于城镇中年男性。如表 5-4 所示，在 45~54 岁的农村女性群体中，心理抑郁倾向对其非农劳动时间同样具有显著负向影响，有心理抑郁倾向的农村女性其非农劳动概率减少 28.7%，小于对 45~54 岁城镇女性的影响。

（3）通过以上对农村中老年人分年龄、分性别样本的分析，可以得出，代表总体健康水平的自评健康状况、生理健康指标、心理健康指标对男性及女性分年龄样本都有显著负向影响，并且对女性的影响效应大于男性。健康对 60~65 岁农村男性群体非农劳动时间的影响大于对农村 45~59 岁男性群体非农劳动时间。健康对 55~65 岁女性群体非农劳动时间的影响大于对 45~54 岁非农劳动时间的影响的群体非农劳动时间的影响。

（4）在非农劳动时间方面，健康对退休前的城镇中老年人非农劳动时间的影响大于对农村中老年人非农劳动时间的影响。可能的原因如下：健康状况较差的城镇中老年人，由于其工作较稳定，很多可能是长期固定员工，因此可以休息请假，但是并没有离开工作岗位，而农村中老年人一旦劳动时间明显减少，则很有可能被辞退，回归农业劳动。在达到退休年龄后，城镇中老年人多数已经退休不工作，所以其劳动时间基本上不受健康状况的影响。而农村中老年人只要身体状况允许，迫于经济压力等，还会继续从事非农劳动，而健康状况不佳阻断了农村去外地就业的可能性。

四、整体分析

从总体及分户籍样本结果可以看出，自评健康指标、生理健康指标、心理健康指标对全体样本、城镇样本及农村样本都有显著性的影响。除了心理健康冲击指标对农村及城镇的影响效应基本相近外，其他健康指标对总体城镇的影响效应大于农村。

在对样本分性别、分年龄的进一步分析总结发现，这个效应主要体现在了达到退休年龄前的效应上。具体来看，健康对45~59岁城镇男性的非农劳动时间的影响大于对45~59岁农村男性以及60~65岁农村男性的影响。而健康对45~54岁城镇女性的非农劳动时间的影响大于45~54岁农村女性以及55~65岁农村女性群体的影响。各个健康指标对达到退休年龄的城镇中老年人都无显著性的影响，即对60~65岁城镇男性群体以及55~65岁城镇女性群体非农劳动时间无显著性影响。而农村样本中，即使到了退休年龄，健康对60~65岁农村男性群体以及55~65岁女性群体的非农劳动时间都有显著性影响，且影响大于对退休年龄前的相应群体非农劳动时间的影响。在各种影响中，健康对女性非农劳动时间的影响大于对男性非农劳动时间的影响。

通过以上实证结果可知，女性较男性处于弱势地位，农村户籍较城镇户籍处于弱势地位。退休后有无社会福利，是最关键的因素。将农村居民逐步纳入退休保障的社会福利政策，将会是一项艰巨的任务。

第六章　健康对中老年人非农劳动工资率的影响

第一节　数据来源与变量选择

一、数据来源

本书为了保持研究结果的一致性，选择中国健康与养老追踪调查数据库2011年和2013年的面板数据。根据研究的需要，本书选取城镇及农村样本类型与前两章相同，但由于非农劳动资率缺省值比较多，最终参与本章实证的样本较前两章少。

二、变量选择

本章的因变量为非农劳动工资率。由于本书的自雇群体由于样本量较少，不具有代表性，因此本书重点分析受雇群体的非农劳动工资率情况。本书的非农劳动工资率为每小时获得的工资。

按照模型设定，自变量包括上文所提到的健康变量、个体特征变量、职业特征变量三大类，家庭特征一般是不影响非农劳动工资率的，因此本章去掉家庭特征变量。变量的定义和设置方法与上一章节相同，在此不赘述。为了考查效率即劳动生产率，本书把相关的各类型工资换算成小时工资，也就是常说的非农劳动工资率。

由于非农劳动工资率受到多方面因素的影响，本书在研究健康对中老年人非农劳动工资率的影响时，除了研究健康冲击变量之外，在实证分析模型中加入了一些控制变量。这些控制变量包括个体特征控制变量和职业特征控制变量。

1. 职业特征控制变量

（1）工作年限。一般在某一个单位的工作年限越长，员工的工资待遇就会越高。这是因为，员工在某一个公司工作的时间越长，对其所在岗位的业务更加熟悉，也更容易获得职位薪资的提升。同样，单位通常会给予工作时间长的员工更好的福利待遇，挽留人才，避免重新招聘、适应、磨合单位的工作文化。对于中老年人来讲，工作年限对其工资率有着直接的影响，本书预计：工作年限越长，中老年人的非农劳动工资率越高。

（2）职业类型。制度学派认为，劳动者所处的产业或部门对其工资有着重要影响。西方发达经济体的国有企业数量非常少，西方经济学者的劳动者收入问题是基于私人经济中的产业或部门。与西方发达经济体所不同的是，我国当前的社会主义市场经济依旧有大量国有企业，对劳动者收入的影响而言，单位性质的不同有着更重要的影响。本书问题设定包括是否国有企业、是否集体企业、是否外资企业、其他类型企业、是否公务员。一个值得注意的现象是，我国经济发展的不同阶段，国有单位与私营单位的收入交错上升。根据我国第四次全国经济普查结果，截至 2018 年末，我国企业法人单位 1 857.0 万个，占 85.2%；机关、事业法人单位 107.5 万个，占 4.9%；社会团体 30.5 万个，占 1.4%；其他法人 183.9 万个，占 8.4%。企业法人单位中，内资企业 1 834.8 万个，占 98.8%；港、澳、台商投资企业 11.9 万个，占 0.6%；外商投资企业 10.3 万个，占 0.6%。内资企业中，国有企业 7.2 万个，占全部企业法人单位的 0.4%，私营企业 1 561.4 万个，占 84.1%。国家统计局 2022 年发布了 2021 年城镇单位就业人员平均工资数据显示，2021 年全国城镇非私营单位就业人员年平均工资为 106 837 元，城镇私营单位就业人员年平均工资为 62 884 元。因此，本书预期：不同的职业类型，会对劳动者的平均工资有着显著性影响。

（3）是否有编制。编制一般是指某机构为了完成某项工作而确定的人员配置，可以起到预期和约束的作用。在我国，编制一般存在于国家公务人员、事业单位及国有企业当中，有固定用工的含义。与编制相对应的是“合同工”，即依照合同约定的雇佣关系，通常有明确的合同期限，也有人称之为“临时招聘人员”。有编制的劳动者的工作相对稳定，福利收入水平较高。因此，本书预期：具有编制的劳动者的平均工资会显著提高非农劳动工资率。

（4）是否有专业技术职称。专业技术职称是指国务院人事主管单位授权的部门、行业或中央企业、省级技术职称评审机构评审的系列专业技术职称，基本涵盖了国民经济生活的各行各业。制度学派认为除了劳动者所处行业和部门影响工资率外，劳动者所拥有的人力资本是工资率的重要影响因素。一般来说，专业技术职称可以客观地反映劳动者在一个行业中的知识技术水平及其劳动效率。中老年劳动者一般经过前期职业生涯的积累，具有较高的劳动技术水平，此时拥有专业技术职称的劳动者可以获得较高的非农劳动工资率。因此，本书预期：专业技术职称会显著提高劳动者的非农劳动工资率。

2. 个体特征控制变量

（1）年龄。年龄对中老年人非农劳动工资率的影响主要体现在“工龄”方面，这方面类似于工作年限，因此，本书预期：年龄对中老年人非农劳动工资率有正向影响。

（2）性别。首先，在行业与职业的选择时，男性可选范围更为宽泛，身体条件也适合那些要求更高、风险更高、回报更高的职业。其次，在职业发展过程中，由于女性需要生育、培养子女，往往承担了更多的家庭劳动，精力通常会被分散，因此在职业发展过程中，女性通常处于劣势。因此，本书预期：男性的非农劳动工资率会高于女性非农劳动工资率。

（3）户籍。我国虽然一直在努力消除因户籍制度所带来的不平等，但是户籍制度所造成的非农劳动就业机会不平等依旧客观存在。我国经济快速的发展，主要体现为城镇的快速发展。大量的非农劳动就业机会存在于城镇这个地理空间范围内，而农村劳动者只有远离家乡才可以获得非农劳动就业机会，这也造就了我国的“农民工”群体。通常来讲，非农劳动就业的“附加值”较高。因此，本书预期：城镇户籍的中老年人非农劳动工资率高于农村户籍中老年人的非农劳动工资率。

（4）受教育程度。教育是劳动者获得和提高人力资本的主要途径，教育既可以提高劳动者所掌握的知识、技能，也可以培训健全的人格、积极的人生态度，这都可以帮助劳动者更好地工作，获得更高的回报。同样，雇主也会根据求职者的受教育水平做出雇佣决定。因此，本书预期：中老年劳动者受教育程度越高，其非农劳动工资率越高。

（5）婚姻状况。婚姻对人有着极其重要的影响，婚姻不仅可以组建新的家庭，也会潜移默化地改变婚姻的当事人。通常来讲，结婚组建家庭后，男性主要承担“养家糊口”的工作，将更多的精力投入工作，也更容易获得职位的晋升和薪资的提高。对于女性来讲，尤其是婚后生子后，女性将主要精力投入到子女照顾和家庭内部劳动当中，其投入工作的精力有限，其薪资较男性薪资增长缓慢。因此，本书预期：婚姻影响方向不确定。当然，大部分中老年人处于已婚状态，婚姻状况相对稳定。

第二节　计量模型的构建

国内外学者在研究健康与非农劳动工资率的关系的文献中，多以效率工资理论为模型，模型引入健康变量，研究其对非农劳动工资率的影响。基本模型是由英国著名经济学家 Mincer 于 1974 年提出的人力资本收入函数。该模型的基础形式为

$$\text{lnwage} = a + r\text{Health} + \beta X_i + \epsilon_i \tag{6-1}$$

在上述模型中，lnwage 是非农劳动工资率的对数，Health 是本书设定的健康变量，控制变量 X 为上文中所列的影响非农劳动工资率的因素，主要包括个体特征以及职业特征等，本书的非农劳动工资率变量和上文的劳动时间变量一样有较多的零值，而为了更全面地反映本书要研究的主题，主要选择了非农劳动工资率大于 0 的样本进行实证分析，后期也用 tobit 模型进行了稳健性检验。

普通方法计算的是总体上健康对中老年人非农劳动工资率的影响，而考虑到在健康对不同非农劳动工资率水平上的影响可能是不同的，某一个工资水平通常对应某一类型的工作，而这个工作又会对健康状况有着不同的要求，也就是说健康对不同区间非农劳动工资率的影响程度是不同的。在分析健康对非农

劳动工资率的影响中，普通回归方法计算的是总体上健康对中老年非农劳动人工资率的影响，而无法衡量不同分位数上的影响程度。分位数回归法提供的各分位数下回归系数有助于分析解释变量在不同分位数下对被解释变量的影响程度，这与研究目的和要求是一致的。Bassett 和 Koenker 于 1978 年提出了分位数回归的方法，该方法的最小化目标函数以残差绝对值的加权平均为基础，所以其估计结果较为稳健，极端值不容易影响其结果。

第三节　实证结果分析

根据研究的需要，本书选取城镇及农村样本类型与前两章相同，且工资率大于 0 的样本，但由于非农劳动小时工资率缺省值比较多，最终参与本章实证的总体样本为 4 677 个，城镇样本数 1 621 个，农村样本数 3 056 个，样本的统计性描述见表 6-1。

表 6-1　主要变量的统计性描述

变量名	全体样本	变量描述	变量定义及赋值
lnwage	2.328	小时工资对数	元
selfhealth	0.511	自评健康状况	1= 较差，0= 较好
schronic	0.172	是否有急性生理健康冲击	1= 是，0= 否
wchronic	0.533	是否有慢性生理健康冲击	1= 是，0= 否
ADL	0.109	是否有基本日常生活活动能力	1= 是，0= 否
IADL	0.070	是否有工具性日常生活活动能力	1= 是，0= 否
CES	0.264	是否有抑郁倾向	1= 是，0= 否
workyear	8.817	工作年限	年
comp2	0.055	是否在国有企业工作	1= 是，0= 否
comp3	0.026	是否在集体企业工作	1= 是，0= 否
comp4	0.008	是否在外资企业工作	1= 是，0= 否
comp5	0.006	是否在其他类型企业工作	1= 是，0= 否
tec	0.066	是否有专业技术职称	1= 是，0= 否
formal	0.042	是否有编制	1= 是，0= 否

续表

变量名	全体样本	变量描述	变量定义及赋值
age	53.66	年龄	岁
marry	0.948	婚姻状况	1= 已婚，0= 未婚
edu	0.597	受教育程度是否在小学以上	1= 是，0= 否
gender	0.571	性别	1= 男性，0= 女性
hukou	0.327	户籍	1= 城镇，0= 农村

（1）普通回归的结果如表 6-2 所示，总体健康指标、生理健康指标、心理健康指标对非农劳动工资率都有显著性的影响。具体来看，在其他条件不变的情况下，自评健康较差的中老年人比自评健康较好的中老年人非农劳动工资率低 7.5%，其显著性水平为 5%。有急性以及慢性生理健康冲击的中老年人比无急性及慢性生理健康冲击的中老年人，其非农劳动工资率分别低 24.3%、13.5%。缺乏基本日常活生活动能力以及缺乏工具性日常生活活动能力对工资率的影响大于急性以及慢性生理健康冲击，缺乏基本日常生活活动能力以及工具性日常生活活动能力的中老年人，其非农劳动工资率分别下降 31.8%、18.2%。心理健康对非农劳动工资率的影响比其他的生理健康指标影响效应低，但是也是有显著性的影响，有心理抑郁倾向的中老年人其非农劳动工资率降低 10.9%。即工资率会随着心理健康状况的改善而显著提高。由以上实证结果可知，健康状况对非农劳动工资率有显著的影响。

表 6-2　健康对受雇中老年人非农劳动工资率影响的回归结果①

变量名	全体样本	城镇	农村	男性	女性
selfhealth	−0.075**	−0.019	−0.088*	−0.080*	−0.023
	（0.035）	（0.052）	（0.047）	（0.043）	（0.060）
schronic	−0.243***	−0.146	−0.285**	−0.193*	−0.155
	（0.079）	（0.102）	（0.118）	（0.103）	（0.128）
wchronic	−0.135***	−0.039	−0.161***	−0.172***	−0.108*
	（0.035）	（0.052）	（0.048）	（0.043）	（0.064）

① 本研究在模型回归前，通过 LM 检验发现，面板随机效应模型优于混合效应模型。Hausman 检验结果显示，所有模型的固定效应回归效果要优于随机效应模型，因此本研究采用的固定效应模型。

续表

变量名	全体样本	城镇	农村	男性	女性
ADL	−0.318***	−0.033	−0.437***	−0.269***	−0.238*
	（0.081）	（0.133）	（0.103）	（0.103）	（0.139）
IADL	−0.182**	−0.022	−0.219***	−0.246***	−0.058
	（0.071）	（0.140）	（0.082）	（0.088）	（0.121）
CES	−0.109**	−0.027	−0.110*	−0.112*	−0.081
	（0.049）	（0.075）	（0.065）	（0.065）	（0.073）
workyear	−0.000	−0.003	−0.000	0.002	−0.006
	（0.002）	（0.003）	（0.003）	（0.002）	（0.004）
comp2	−0.049	−0.120	0.089	0.038	−0.262
	（0.081）	（0.088）	（0.153）	（0.094）	（0.164）
tec	0.098*	0.108*	0.193*	0.090	0.014
	（0.052）	（0.057）	（0.112）	（0.066）	（0.088）
formal	0.381***	0.334***	0.353*	0.348***	0.272
	（0.093）	（0.097）	（0.187）	（0.113）	（0.177）
age	0.040***	0.097***	0.032**	0.027**	0.046***
	（0.010）	（0.019）	（0.013）	（0.013）	（0.016）
eduyear	0.092***	0.120***	0.028	0.087***	0.124***
	（0.015）	（0.023）	（0.030）	（0.018）	（0.033）
gender	0.598***	0.500**	0.596***		
	（0.153）	（0.203）	（0.214）		
hukou	0.388***			0.359***	0.615**
	（0.098）			（0.107）	（0.272）
行业特征	控制	控制	控制	控制	控制
区域特征	控制	控制	控制	控制	控制
N	4 677	1 621	3 056	3 154	1 523

注：括号内为标准误；***、** 和 * 分别表示在 1%、5% 和 10% 显著性水平下显著。

（2）影响工资收入的其他因素，如表 6-2 所示。户籍的系数为正，且在 1% 的水平上显著，表明城镇户籍的中老年人比农村户籍的中老年人在非农劳动就业机会和非农劳动薪酬方面都有明显优势，表明我国城乡二元结构所带来的不平等现象依旧存在，与很多学者的研究一致。性别对中老年人非农劳动工资率有显著正向影响，男性比女性的平均小时工资高 59.8%，这说明在我国中老年劳动力市场当中存在性别歧视现象。众多学者研究也认为性别歧视是造成工资差异的主要原因。教育是重要的人力资本，由表 6-3 可知，教育的回归结果也符合预期，教育对非农劳动工资率的影响十分显著。具体来看，教育年限提高 1 年，非农劳动工资率提高约 9%。其他学者也得出了类似结论，教育水平与工资收入之间具有显著正相关关系，农民工受教育程度越高，收入越高。

（3）除了健康状况以及个体特征对中老年受雇群体的非农劳动工资率的影响外，再来看一下职业特征对中老年受雇群体非农劳动工资率的影响。就企业类型而言，国有企业员工的非农劳动工资率并没有显著高于参照类型企业（私有企业）员工的工资率，但是有编制员工的工资率比没有编制员工的非农劳动工资率要高出 38.1%，有专业技术职称的中老年人其非农劳动工资率比无专业技术职称的非农劳动工资率高 9.8%。通常人们认为国有企业岗位要远远好于私人企业岗位，但是本节实证显示非农劳动工资率并没有显著差异，这可能是因为，“工资外收入”及隐性福利未能体现出来，比如国有企业员工通常会有“五险一金”，且额度一般较高，国有企业员工一般会有“带薪休假”，加班较少，工作压力较小，很多存在饭费、住房、出行等补贴。在私人企业工作通常压力大、加班多、工作条件一般。编制内人员享有的福利待遇通常高于社会平均水平。而编制外人员属于外聘人员范畴，所享受的福利待遇水平通常参照社会平均水平。专业技术职称可以反映工作后劳动者的工作熟练程度及继续教育情况，拥有专业技术职称的劳动者意味着劳动效率更高、经验更丰富，通常也会被安排更高的岗位、职位，有更高的工资待遇，与预期相符。

（4）城镇及农村的样本回归结果如表 6-2 所示，不管是生理健康指标还是心理健康指标对农村受雇中老年人的非农劳动工资率都有显著性的影响，且生理健康对非农劳动工资率的影响效应大于心理健康。但是所有健康指标对城镇中老年人的非农劳动工资率都没有显著性的影响。可能的原因为，农村中老年人需要远离家乡获取非农劳动就业机会，工作通常为“临时性”“季节性”工作，这就要求农村中老年人拥有更好的心理素质和更强壮的身体。这从侧面反映出了性别对农村地区中老年人非农劳动工资率的影响很大。

（5）男性及女性的样本回归结果如表 6-3 所示，所有的健康指标对男性中老年人的非农劳动工资率都有显著性的影响，且对男性非农劳动工资率的影响效应大于对女性非农劳动工资率的影响。可能的原因为，在现实社会分工中，男性的工作通常比女性的工作对健康的要求程度更高，而且非农劳动工资率也较高。同等条件下城镇户籍的男性职工工资比农村户籍男性高 35.9%。而女性群体之间的户籍差异要大一些，城镇户籍的女性职工工资比农村户籍女性高 61.5%。且户籍对男性及女性非农劳动工资率的影响都具有显著性意义，这与预期一致。城镇户籍劳动者的非农劳动工资率高于农村户籍劳动者的非农劳动工资率，而且与性别因素叠加后，效果更显著。另外，教育回报对于女性的影响大于对男性的影响。教育可以让人具备更多的知识技能，可选择从事的职业范围更广泛，而且可获得的工资待遇更高。所以，女性在接受教育之后，可以选择对体力要求更低而工资更高的工作。

表 6-3 健康对受雇中老年人非农劳动工资率影响的分位数回归结果

变量名	分位数回归		
	25%	50%	75%
selfhealth	−0.136***	−0.094***	−0.084***
	（0.034）	（0.023）	（0.019）
schronic	−0.279***	−0.248***	−0.242***
	（0.073）	（0.050）	（0.071）
wchronic	−0.096**	−0.085***	−0.054***
	（0.023）	（0.024）	（0.029）
ADL	−0.911***	−0.402***	−0.136***
	（0.105）	（0.063）	（0.043）
IADL	−0.070	−0.052	−0.071
	（0.070）	（0.040）	（0.059）
CES	−0.144***	−0.136***	−0.140***
	（0.027）	（0.032）	（0.029）
workyear	0.001	0.004**	0.004***
	（0.002）	（0.002）	（0.002）
comp2	−0.024	0.025	−0.032
	（0.076）	（0.041）	（0.048）

续表

变量名	分位数回归		
	25%	50%	75%
tec	0.416***	0.397***	0.460***
	（0.047）	（0.037）	（0.045）
formal	0.147	0.292***	0.403***
	（0.109）	（0.103）	（0.103）
age	-0.018***	-0.017***	-0.012***
	（0.003）	（0.003）	（0.004）
marry	0.058	0.061	0.063
	（0.059）	（0.044）	（0.052）
eduyear	0.020***	0.017***	0.018***
	（0.004）	（0.004）	（0.004）
gender	0.369***	0.382***	0.397***
	（0.019）	（0.033）	（0.026）
hukou	0.077***	0.049	0.058*
	（0.030）	（0.037）	（0.034）
行业特征	控制	控制	控制
区域特征	控制	控制	控制
N	4 677		

注：括号内为标准误；***、** 和 * 分别表示在 1%、5% 和 10% 显著性水平下显著。

（6）全样本分位数回归中结果如表 6-3 所示，在 25%、50%、75% 的分位数上，自评健康指标对非农劳动工资率的影响系数分别为 0.136、0.094、0.084，且在 1% 的水平上显著。从低分位数到高分位数，除工具性日常活动能力指标对非农劳动工资率没有显著性影响外，其他生理健康指标对于非农劳动工资率的影响效应有逐渐减少的趋势，且都具有显著性意义。而心理健康对各个分位数的影响却和生理健康的影响效应稍有不同。具体来看，在 25%、50%、75% 的分位数上，心理健康指标对非农劳动工资率的影响系数分别为 0.144、0.140、0.136，且在 1% 的水平上显著，心理健康对各个分位数的影响效应比较平均，虽然从低分位数到高分位数的影响效应出现了先下降后升高的情况，但是总体来看，心理健康对低分位数的影响大于其对高分位数的影响。

劳动者获得工资报酬是在劳动参与双向筛选阶段之后，即劳动者获得工资报酬也是经历过筛选，且农村居民相较城镇居民经历的筛选机制更加严苛。

四、整体分析

本章考查了健康对中老年人非农劳动工资率的影响。研究结果发现收入水平越低，健康资本的收入回报越高。健康对中老年人受雇群体非农劳动工资率的影响效应可能存在城乡差异及性别差异，因此本章分类考查了健康对中老年人受雇群体工资率的影响。

（1）总体样本回归中，各个健康变量对中老年受雇群体的非农劳动工资率都有显著性的影响，生理健康对非农劳动工资率的影响要大于心理健康；城市户籍相对农村户籍在就业机会和劳动报酬方面都有明显的优势。性别对中老年受雇群体的非农劳动工资率具有显著正向影响，平均而言男性职工的小时工资要比女性职工高 38.1%，这说明我国劳动力市场上存在较为明显的性别工资差异。

（2）分城镇及农村的样本回归中，各个健康变量对农村中老年人的非农劳动工资率具有显著影响，且和总体样本一样，生理健康对非农劳动工资率的影响要大于心理健康，而健康对城镇中老年受雇群体的非农劳动工资率不显著，性别对农村中老人的非农劳动工作率的影响效应大于城镇。

（3）分男性及女性的样本回归中，各个健康变量对男性中老年人的非农劳动工资率都有显著性的影响，对男性的影响效应大于对女性的影响效应，且心理健康指标对非农劳动工资率的影响要小于生理健康指标对非农劳动工资率的影响，同等条件下城镇户籍的男性工资比农村户籍男性工资高 35.9%。而女性群体之间的户籍差异相对要大一些，城镇户籍女性比农村户籍女性非农工资高 61.5% 且户籍对男性及女性工资率的影响都具有显著性。

（4）分位数的回归结果显示，生理健康指标以及心理健康指标对低分位数的非农劳动工资率的影响大于对其高分位数的工资率的影响，分位数回归是探究健康与非农劳动工资率关系的一个有趣角度，有助于更加细致地了解健康对不同收入人群的影响效应。本章实证结果显示，不同收入的人群在受到健康冲击时的影响效应有着较大差距，低收入者的健康投入回报率更高，而随着收入的增加，健康投资回报率边际递减。这一现象的原因可能是多样的，一方面低收入者在劳动力市场中处于劣势地位，所从事的行业一般对劳动者的健康水平要求较高，他们也容易因健康问题而出现收入减少甚至失业的情况。另一方面，我国当前的健康保障措施存在不平等现象，低收入者在受到健康冲击时，无法通过健康保障措施较为快速地恢复健康状态。

这一发现证实，政府可以向我国低收入者的健康资本投资，低收入者的收入将会快速增加。或者说，我国当前的健康保障政策，可以通过向低收入者倾斜，而获得社会整体最大回报。令人欣喜的是，我国政府已经通过“社会公正”角度出发来提高对低收入者的健康保障措施，比如，正在建设的“新农合”“城镇居民医保”及“大病医保”等措施。这一点再次印证了“社会正义”与“经济最优”的路径一致。

第七章　建议与展望

第一节　研究结论

中国于1978年实行对内改革、对外开放的政策，中国改革开放加快，经济发展进入快车道。我国于第六次人口普查结果显示，我国进入老龄化社会，并且老龄化呈现加速的态势。中国劳动力市场从改革开放初期的无限供给开始向有限供给转变，并于2004年出现刘易斯转折点。与此相应的，东南沿海个别区域于2004年出现招工难，并且2007年后规模扩大，2010年后公众开始关注我国养老资金缺口问题。

在应对我国老龄化速度过快及劳动力市场出现的深刻变化等问题时，政府于2015年颁布全面放开“二孩”政策于2021年开放“三孩”政策，同时正在研究延长退休年龄政策。研究退休年龄政策，需要明晰现有劳动力市场中中老年劳动者的劳动状况。健康状况是影响中老年人劳动参与状况的直接因素。本书针对这项现实问题，尝试回答了以下问题：①健康状况是否会影响中老年人非农劳动就业；②健康状况是否会影响中老年人的非农劳动时间；③健康是否会影响中老年人的非农劳动工资率。

为了回答这些问题，本书选取了中国健康与养老追踪调查数据库作为实证分析数据来源。因为该数据库的建立主要目的就是推动我国老龄问题的跨学科研究，其数据在学术界得到广泛应用和认可。本书选取了2011年和2013年中国健康与养老追踪调查数据库的面板数据，采用了面板probi模型，面板tobit模型，分位数回归等方法探讨了健康对中老年人非农劳动就业、非农劳动时间、非农劳动工资率的影响。

1. 本书预期的主要结论

（1）健康对中老年人非农劳动就业的实证结果中，各类健康指标对总体样本、城镇样本、农村样本的中老年人非农劳动就业有显著影响。对城镇中老年人分年龄、分性别样本的分析，各类健康指标基本上对退休男性城镇中年人以及退休女性城镇中年人都有显著性的影响，并且对女性的影响效应大于对男性的影响效应。而在 60~65 岁男性群体以及 55~65 岁女性群体中，不管自评健康状况，还是生理健康、心理健康指标对其非农劳动就业都无显著性的影响。而在农村样本与城镇样本的情况有所不同，健康对达到退休年龄的以及未达到退休年龄的农村中老年人非农劳动就业的概率都有显著性的影响，同时健康对达到退休年龄的农村群体参与非农劳动的影响效应大于对未达到退休年龄的农村群体的影响效应。通过以上结果，初步可以发现我国中老年劳动力参与市场的一些有意思的现象。健康对女性的影响效应大于男性，原因可能为：在我国的劳动力市场中，女性处于弱势的地位，在遭受健康冲击时，更容易减少参与甚至退出劳动力市场，从事家庭内部劳动。退休政策对城镇中老年人非农劳动就业有影响，达到退休年龄后，健康对城镇老年人非农劳动就业已无影响，这也反映了我国低龄退休老人目前的非农劳动就业率并不高。健康对农村老人非农劳动就业效应大于中老年人，原因可能为年龄增长带来的健康水平下降是不可逆的，无法继续承担繁重的体力劳动。

（2）健康对中老年人的非农劳动时间的实证结果中，各类健康指标对全体样本、城镇样本及农村样本都有显著性的影响。除了心理健康冲击指标对农村及城镇群体的影响效应基本相近外，其他健康指标对城镇群体的影响效应大于其对农村群体的影响效应。但样本按年龄及性别进一步划分后，实证结果显示在达到退休年龄前，健康对城镇中年人非农劳动时间有显著负向影响，而达到退休年龄后，各类健康指标对城镇老年人非农劳动时间无显著性影响。而农村样本中，即使达到了退休年龄，健康对农村 60~65 岁男性群体以及 55~65 岁女性群体的非农劳动时间都有显著性影响，且影响效应大于对退休年龄前相应群体的影响效应。城镇及农村的实证结果对比中发现，健康对 45~59 岁城镇男性的非农劳动时间的影响大于对 45~59 岁农村男性以及 60~65 岁农村男性的非农劳动时间的影响。而健康对 45~54 岁城镇女性的非农劳动时间的影响大于

45~54 岁农村女性以及 55~65 岁农村女性群体的影响。在各种影响效应中，健康对女性群体的影响效应大于其对相应的男性群体的影响。

（3）健康对中老年人的非农劳动工资率的实证结果总体样本回归中，各类健康变量对中老年受雇群体的非农劳动工资率都有显著性的影响，生理健康对非农劳动工资率的影响大于心理健康对非农劳动工资率的影响；城市户籍的群体相对农村户籍的群体在就业机会和劳动报酬方面都有明显的优势。性别对中老年受雇群体的工资率具有显著正向影响，平均而言男性职工的非农劳动工资要比女性职工高 38.2%，这说明我国劳动力市场上存在着较为明显的性别工资差异。分城镇及农村的样本回归中，各个健康变量对农村中老年人的非农劳动工作率具有显著影响，且和总体样本结论相一致，生理健康对非农劳动工资率的影响大于心理健康对非农劳动工资率的影响，而健康对城镇中老年人受雇群体的工资率的影响不显著，性别对农村中老年人的非农劳动工资率的影响效应大于其对城镇中老年人的非农劳动工资率的影响效应。分男性及女性的样本回归中，各个健康变量对男性中老年人的非农劳动工资率都有显著性的影响，对男性工资率的影响效应大于对女性的工资率的影响效应，且心理健康对非农劳动工资率的影响要小于生理健康对非农劳动工资率的影响，同等条件下城镇户籍的男性职工工资较农村户籍男性高 35.9%。而女性群体之间的户籍差异要大一些，基本在 60% 左右，且户籍对男性及女性非农劳动工资率都具有显著影响。分位数的回归结果显示，整体上来看，生理健康指标以及心理健康指标对低分位数的非农劳动工资率的影响效应大于高分位数的影响。

（4）在探究健康对中老年人的非农劳动工资率的影响中，分位数可以更加细致地反映健康对不同收入人群的影响效应。实证结果显示，不同收入的人群在受到健康冲击时的影响效应有着较大区别。其中需要注意的时，低收入者的健康投资回报率更高，而且随着收入的增加，健康边际投资回报率递减。这可能是由于低收入劳动者在劳动力市场中的劣势地位造成的，即低收入者所从事的职业一般对身体健康程度要求更高，也会因健康问题而造成收入锐减甚至失业。此外，这也反映出我国社会当前的健康保障体系存在一定的不平等现象，低收入者在受到健康冲击时，并不能通过当前的社会健康保障措施较为迅速地恢复健康状态，从而间接影响了收入的增长。政府可以通过完善现有的社会健康保障体系，向低收入者进行政策倾斜，改善低收入者的经济状况。我国基本医疗保障体系经过几次改革，正在向着这个方向前进。

因此，中老年人的健康问题是影响我国“延迟退休”政策的主要因素。我国劳动力市场具备延迟退休所需的条件，当前劳动力市场中的中老年人拥有较大潜力可挖掘。但是需要注意的是，避免因“一刀切”式的延迟退休政策加剧已有或带来新的劳动力市场中的不平等问题，建议实行针对不同户籍、职业、性别、健康条件的弹性式退休政策。

2. 其他结论

（1）我国劳动力市场中的性别歧视现象依旧存在。实证结果发现，相较女性，男性在劳动力市场中处于优势。另外，“三孩”政策可能会对女性就业带来负面影响，企事业单位会因为女性生育问题而更加愿意选择男性。

（2）我国劳动力市场中的职业收入不平等可能受行政因素的影响。虽然本书实证结果并没有显示出国有企业员工的非农劳动工资率显著高出私有企业，但这可能是由于数据在统计时，国有企业的隐性福利并未统计。本书实证结果显示有编制的员工比没有编制的员工工资要明显高。逐步解决“编制”问题，将是解决劳动就业市场中的一个方向。由编制改为绩效的级别管理，同时给予合同员工平等待遇，将会是一个重要方向。

（3）我国劳动力市场中的户籍因素造成的就业收入不平等问题并未得到实质性缓解。实证结果发现，相较城镇居民，农村居民在劳动力市场中处于全面的劣势地位。虽然改革开放以来，我国取得了举世瞩目的成就，但是这些经济发展成绩主要是在城市中获得的，农村非农劳动者虽然获得了一些回报，但是这没能缩小城乡差距。在减弱户籍所附加的教育、医疗、社保等隐性福利不平等，政府还需要继续推进新型城镇建设及配套的落户政策，从根本上解决因户籍而带来的社会不平等。

（4）教育资源分布不平等问题。实证结果证实了教育可以有效提高劳动者在劳动力市场中的地位，尤其是可以提高农村户籍的劳动者。最近几年，优质教育更加集中，农村地区“撤校并点”后中小学数量减少；大学期间的生活费用增加，中低收入者负担加重；农村大学生毕业后没有城镇大学生职业发展顺利，并未改变命运。在针对新时期下的教育问题，应给予高度的关注，以促进中小学教育资源公平为切入点，以网络教育等新技术做辅助，进一步解决当前教育所存在的问题。

第二节 对策建议

我国政府正在从计划经济时代的“全能政府”向“有限政府”“服务型政府”方向转变，这个过程所需要的时间可能会比较长。良好可行的具体政策建议，可以直接有效地改善经济状况。本书的对策及政策建议如下。

1. 改善现有劳动者的劳动质量，提高我国中老年人多维度的健康水平

我国人均收入于2003年超过1 000美元，达到了国际公认的解决社会温饱问题线。2021年实现现行标准下农村贫困人口全部脱贫，人均可支配收入超过5000美元。我国劳动者的健康问题已经从营养不良等温饱问题，转成营养均衡的高阶段健康问题。除了传统上的生理健康，心理健康同样对劳动者的非农劳动有着重要影响，这需要引起密切注意。在生理健康方面，人们通常关注于急性生理健康冲击，而忽视慢性主理健康冲击。《中国居民营养与慢性病状况报告（2015）》显示，成人高血压、糖尿病的患病率逐年上升，世卫组织认为忽视慢性疾病会带来巨大的经济损失。除了身心健康的提升外，注重提高我国基础教育，可以提高未来劳动力市场中的劳动者的素质，也要格外重视终生学习时代下，现有劳动者的职业技能再培训。

2. 改善我国当前劳动力市场中所存在的不平等问题

（1）实证结果显示，我国劳动力市场中的不平等问题包括性别不平等、不同户籍不平等、职业收入不平等。在保障女性权利时，不应该单纯从延长产假等方面入手，还应该保障女性尤其是女童受教育的权利以及有比例扩大女性在公务员及事业单位中的比例。相较男性，女性更适宜在公务员及事业单位中工作，男性应更多地参与市场经济中的创新劳动。此外，高知识学历女性将会成为劳动力市场中潜在增长点。随着我国男女平等观点的逐渐深入，女性受教育的权利得到了提高，越来越多的女性获得更高的学历。所受教育程度越高，在退休年龄固定的情况下，实际参加工作的时间就越短。女性可能会因为“一刀切”的退休政策而被迫离开劳动力市场。女性退休政策可以改为“弹性退休”，女性的退休年龄可以在一定范围内自主选择延长。退休后的女性会获得较高的退休金，也更有利于女性地位的提高。

（2）户籍制度已经成为市场经济发展的桎梏，我国政府已经在多方尝试逐步解决户籍问题。2013 年，《中共中央关于全面深化改革若干重大问题的决定》指出了加快户籍制度改革的原则方向，2014 年《国务院关于进一步推进户籍制度改革的意见》制定了具体步骤与目标。户籍制度改革当前的困难在于，政府难以短时间内承担依附在户籍改革之上的巨大社会成本，包括教育、医疗、社保、市建等社会福利。随着经济的发展，将落户人口视为负担的计划经济思维需要改变。逐步推广的户籍改革，将有利于我国经济层次本质上发生变化。坚定不移地持续推动户籍制度改革，将会再次改变中国社会经济的面貌。

3. 健全的法律对劳动市场中参与者的公平保护

根据《中华人民共和国劳动法》和《最高人民法院关于审理劳动争议案件适用法律若干问题的解释（三）》中的规定，未享有养老保险待遇的老年人再就业认定为劳动关系，而现有养老保险待遇的老年人再就业认定为劳务关系。劳务关系不受《中华人民共和国劳动法》保护，在劳务关系存续期间的工伤赔偿等方面面临法律困境。政府在鼓励退休老年人再就业时，应依据司法实践中各种问题，积极地保护劳动参与者的权益。

第三节　研究展望

科学研究是永无止境的。本书在创新探究健康对中老年人非农劳动参与及工资率的影响时，遗有多项不足，有如下展望。

（1）结论可以在调研样本数量更多、调研问卷更丰富的数据库上进行检验。与自然科学家希望拥有大量的实验数据相似的，经济学家的梦想就是拥有更加全面科学的数据库。自然科学家通常可以在实验室条件下，反复实验而得到大量的数据。而经济学家所研究的人类社会是如此复杂，既不可能反复实验，又不太可能获得大规模的数据资源，这也是经济学中有学派否定经验方法的主要原因之一。然而，即使再精妙的逻辑推演，没有真实世界数据的验证，依旧显得那么单薄。逻辑推演本身也存在错误，没有经验的证明，又如何证明逻辑推演的正确性呢？本书所采用的CHARLS数据库是目前较为科学全面的数据库，数据库的样本如果可以进一步丰富，将会极大提高本书结论的稳健性。

（2）构建更加科学的计量模型。计量模型只能最大限度地模拟现实情况，而人类社会的复杂程度远远超当代数学认知，所以在模型的构建当中存在诸多不足之处。当然，我们有理由相信，随着认知的进步，人类会建立起更加科学有效的计量模型。

（3）构建针对多因素维度之上的弹性退休制度。人类社会的复杂性，远远超过自然科学中某一物体或现象的特性。因此，人类社会中的国家政策也都是根据某一些社会特性来制定，也就是说，人类社会中的政策也不存在“完美方案”。但这不妨碍人可以持续修正已有的方案，考虑到现实的变化及更多的特性。中国当前的退休政策中，退休年龄的划定有着“一刀切”的特征，本书未对依据性别、职业、健康、户籍等多维度特征来制定的“弹性退休制度”有所描述，希望后来学者可以给出更好的具体政策设计方案。

参考文献

[1] 蔡昉. 中国流动人口问题 [M]. 北京：社会科学文献出版社，2007.

[2] 戴维·布坎南，安德杰·赫钦斯盖. 组织行为学 [M].5 版. 李丽，闫长坡，何琳，等，译. 北京：经济管理出版社，2011.

[3] 郭龙，付泳. 人力资本理论问题研究 [M]. 成都：电子科技大学出版社，2014.

[4] 康士勇. 工资理论与工资管理 [M].2 版. 北京：中国劳动社会保障出版社，2006.

[5] 李波. 劳动就业原理与政策 [M]. 北京：中国劳动社会保障出版社，2015.

[6] 刘爱军. 薪酬管理理论与实务 [M].2 版. 北京：机械工业出版社，2013.

[7] 张凤林. 人力资本理论及其应用研究 [M]. 北京：商务印书馆，2006.

[8] 赵忠. 健康、医疗服务与传染病的经济学分析 [M]. 北京：北京大学出版社，2007.